"认识中国·中国基本制度"系列丛书

U0772676

基层群众自治制度

保障人民当家作主的有效途径

◎ 本书编写组

苏　东　向　南　高民权　甄亚兰

五洲传播出版社

序　言

　　国之兴衰系于制，民之安乐皆由治。制度是国家之基、社会之规、治理之据，制度优势是一个国家的最大优势。一个国家选择什么样的国家制度和国家治理体系，是由这个国家的历史文化、社会性质、经济发展水平决定的。中国十分重视制度建设的科学性、可行性、稳固性，中国特色社会主义制度是被实践反复证明有显著优势的制度体系。中国共产党在长期革命、建设、改革和发展的时代进程中，团结带领人民不断探索实践，逐步形成了中国特色社会主义制度，形成经济、政治、文化、社会、生态文明、军事、外交等一整套更加成熟更加定型的制度。这是人类制度文明史上的伟大创造，也是人类制度文明史上前所未有的巨大而生动的实践。坚持和完善中国特色社会主义制度、推进国家治理体系和治理能力现代化的成功实践，为当代中国发展进步提供了根本制度保障，也为世界和平发展提供了独特的中国方案。

　　读懂中国，首先要读懂中国共产党，中国共产党领导是中国特色社会主义最本质的特征，是中国特色社会主义制度的最大优势。而读懂中国共产党，就要了解中国制度选择的探索史、中国制度建设的发展史、中国制度自信的理论逻辑，以及中国共产党制定各项制度的指导思想、理论基础、目标任务、实践要求等。在中国，党的全面领导不是抽象的而是具体的，涉及国家治理的各领域各方面各环节，体现在各级各类组织的活动之中。而这一整套多层次、全方位的制度安排，都是为了实现这样一个政治目标和崇高追求：如何充分体现人民当家作主的要求，如何真正实现人民当家作主，从而维护人民根本利益。

认识中国，就要了解中国基本制度。评判一种制度是否行得通、有效率、真管用，实践最有说服力。70多年来，中国共产党团结带领中国人民创造了世所罕见的经济快速发展奇迹和社会长期稳定奇迹，这"两大奇迹"是党带领人民长期不懈奋斗的必然结果，也是中国国家制度和治理体系显著优势充分发挥的必然结果。当前，世界百年未有之大变局加速演进，人类命运共同体构建的任务更加艰巨与迫切。"世界怎么了、我们怎么办"？在世界之变、时代之变、历史之变中，世界迫切需要更多更强大的确定性力量，来科学回答世界之问、人民之问、时代之问，为处于历史十字路口的人类社会现代化进程指明前进方向。

实践证明，中国特色社会主义制度是以马克思主义为指导、植根中国大地、具有深厚中华文化根基、深得人民拥护的制度，是具有强大生命力和巨大优越性的制度。党的十八大以来，国家制度建设被放在前所未有的历史高度，当下，中国正处于实现中华民族伟大复兴关键时期，正在坚持和完善中国特色社会主义制度、推进国家治理体系和治理能力现代化上下更大功夫。世界上越来越多的人，对中国制度及其独特优势有了比较充分的认识了解，但也仍然有一些人，对中国特色社会主义制度不甚了解，甚至存在误解误读。在此背景下问世的"认识中国·中国基本制度"系列丛书，无疑能够及时回应国内国际关切，科学回答世界之问、时代之问、民心之问、道义之问。

中国特色社会主义制度是严密完整的科学制度体系，其中，起枝干作用的是中国特色社会主义根本制度、基本制度、重要制度，它们构建起国家制度和治理体系的总体框架，是中国特色社会主义制度的

"总纲"和"总遵循"，是认识了解中国特色社会主义制度和国家治理体系必不可缺的部分。基于此，"认识中国·中国基本制度"系列丛书共分 5 册，分别是：《人民代表大会制度：全过程人民民主的重要制度载体》《多党合作与政治协商制度：中国式民主的伟大创举》《民族区域自治制度：民族团结和睦的根本保证》《基层群众自治制度：保障人民当家作主的有效途径》《一国两制：维护国家统一和领土完整的重要制度》。

　　人民代表大会制度是坚持党的领导、人民当家作主、依法治国有机统一的根本政治制度安排。《人民代表大会制度：全过程人民民主的重要制度载体》一书全面系统介绍了人民代表大会制度的形成、运作和发展的历史过程和生动实践，重点介绍了人大制度的独特优势和重要作用、宪法和人民代表大会制度的关系、人大选举制度、人大代表的履职和作用、立法制度和立法工作、人大监督制度和监督工作、人大及其常委会会议制度、人大对外交往等方面的基本情况。

　　在中国国家政治生活中，中国共产党领导的多党合作和政治协商制度、民族区域自治制度、基层群众自治制度这 3 个方面的制度作为基本制度，对于协调政党关系、解决民族问题、推进基层直接民主起到了基础性作用。它们是符合中国国情、具有独特优势和强大效能的制度创造。《多党合作与政治协商制度：中国式民主的伟大创举》一书，围绕这一新型政党制度是怎么来的、优势是什么、如何运行、如何发展完善、人民政协如何发挥作用等方面，作了介绍。《民族区域自治制度：民族团结和睦的根本保证》一书，围绕这一基本政治制度的形成、发展完善和实际运行，着重介绍了它的发展历程、主要内容、显著特点和成功实践。《基层群众自治制度：保障人民当家作主的有效途径》一书，全面系统介绍了独具中国特色的基层群众自治制度，包括基层群众自治制度的本质和核心、基本原则、组织形式，重点介绍了村（居）民的民主选举，村（居）民委员会组成、职责与运行机制，村（居）民会议，村（居）务公开，城乡社区协商，村规民约和居民公约以及企事业单位民主管理制度等。

"一国两制"是中国共产党领导人民实现祖国和平统一的一项重要制度，是一个新生事物，是中国特色社会主义的一个伟大创举。"一国"是实行"两制"的前提和基础，"两制"从属和派生于"一国"并统一于"一国"之内。《一国两制：维护国家统一和领土完整的重要制度》一书，以制度为主轴，结合理论、历史和实践，分析了"一国两制"的起源和形成，介绍了"一国两制"在香港和澳门的巨大成功，论证了香港、澳门重新纳入国家治理体系的过程和基本标志，梳理了党中央对台大政方针政策的发展演变，并对"一国两制"的历史定位和世界价值进行了深入探讨，对于 2019 年以来香港政治形势的发展变化也有专门分析和介绍。

了解一国制度，不但要知其然，还要知其所以然。这套丛书，紧紧围绕几个重要问题展开：中国制度为什么好？中国制度为什么行得通？中国制度的优势在哪里？通过历史溯源、制度演进、经验介绍、案例分析、延伸阅读等，全面系统地介绍中国基本制度的历史经纬、形成发展与成功实践的历史史实，使广大读者能够进一步了解中国制度的优越性，并从中深刻体会中国力量、中国精神，找出"中国之治"、中国方案踔厉笃行的基因密码。

这套丛书，大处着眼，细处着笔，文字通俗易懂，以立体、丰富的方式表现立体、丰富的中国制度故事和鲜活实践，把"大道理"融入"金句""延伸阅读""知识链接"等多种呈现方式之中，让"中国之治"具象化、动起来、活起来。这套丛书既适宜普通读者阅读，对专业研究人员也有参考价值，对于帮助大家了解"中国之制"和"中国之治"有一定的益处。希望它们能够在广大读者心中产生强烈共鸣。

目　　录

第一章 总论

一、基层群众自治制度的性质特征

党的二十大报告中指出，中国是工人阶级领导的、以工农联盟为基础的人民民主专政的社会主义国家，国家一切权力属于人民。人民民主是社会主义的生命，是全面建设社会主义现代化国家的应有之义。我们要健全人民当家作主制度体系，扩大人民有序政治参与，保证人民依法实行民主选举、民主协商、民主决策、民主管理、民主监督，发挥人民群众积极性、主动性、创造性，巩固和发展生动活泼、安定团结的政治局面。

基层群众自治制度是人民当家作主制度体系的重要组成部分，是中国的基本政治制度。党的十九大报告明确指出，坚持人民当家作主，坚持和完善基层群众自治制度。

基层群众自治制度作为我国的一项基本政治制度，它是指城乡居

中国特色社会主义制度

中国特色社会主义制度包括人民代表大会制度的根本政治制度，中国共产党领导的多党合作和政治协商制度、民族区域自治制度以及**基层群众自治制度**等基本政治制度，中国特色社会主义法律体系，公有制为主体，多种所有制经济共同发展，按劳分配为主体，多种分配方式并存，社会主义市场经济体制的基本经济制度，以及建立在这些制度基础上的经济体制、政治体制、文化体制、社会体制等各项具体制度。

中国特色社会主义制度的最大优势是中国共产党领导。

民群众、企业职工以相关法律法规政策为依据，在城乡基层党组织领导下，在居住地范围内或所在企事业单位，依托基层群众自治组织，直接行使民主选举、民主协商、民主决策、民主管理和民主监督等权利，实行自我管理、自我服务、自我教育、自我监督的制度与实践。

> 我们全面加强党的领导，明确中国特色社会主义最本质的特征是中国共产党领导，中国特色社会主义制度的最大优势是中国共产党领导，中国共产党是最高政治领导力量，坚持党中央集中统一领导是最高政治原则。
>
> ——摘自党的二十大报告

坚持和完善基层群众自治制度，是发展社会主义民主政治的一项基础内容，也是人民群众直接参与管理国家和社会事务、直接行使民主权利的重要制度保证。

（一）基层群众自治制度的核心是坚持党的领导

中国共产党领导是中国特色社会主义最本质的特征，是中国特色社会主义制度的最大优势。加强和完善基层群众自治制度，党的领导是根本保证。新中国成立以来，党坚持把马克思主义基本原理同中国具体实际相结合、同中华优秀传统文化相结合，坚持不懈地探索基层社会治理理论与实践创新。伴随新中国发

> 党的基层组织是确保党的路线方针政策和决策部署贯彻落实的基础。要以提升组织力为重点，突出政治功能，把企业、农村、机关、学校、科研院所、街道社区、社会组织等基层党组织建设成为宣传党的主张、贯彻党的决定、领导基层治理、团结动员群众、推动改革发展的坚强战斗堡垒。
>
> ——摘自党的十九大报告

展历程成长起来的基层群众自治制度，是基层党建与基层治理相融合、在基层党组织带动下开展基层群众自治实践的制度体现，能充分调动人民群众的积极性主动性创造性，增进社会认同。因此，要依托基层群众自治制度，依靠基层党组织的加强和延伸、创新，发挥党总揽全局、协调各方的领导核心作用，使党的领导贯穿到基层重大事务民主决策和基层事务日常管理等各领域各方面各环节，通过一系列行之有效的制度安排和活动规范，激发社会各主体以多种方式积极参与基层治理，形成共建共治共享的合力，厚植党的执政基础。

（二）基层群众自治制度的本质是人民当家作主

"民主"作为社会主义核心价值观的重要组成部分，在社会主要矛盾发生变化、中国特色社会主义进入新时代的当下具有重要的现实意义。人民当家作主是我国社会主义民主政治的本质特征，而基层群众自治正是实现全体人民当家作主的重要渠道。作为制度意义上的民主，基层群众自治制度具有基层性、直接性、广泛性。基层群众自治制度坚持全体人民群众在自治中的主体地位，基层群众直接参与到基层的公共事务管理中，直接依法履行他们应有的权利，充分表达自己的意愿和诉求，真正实现全体人民群众当家作主。可见，基层群众自治制度之所以能永葆生机活力，根本原因在于能够最大范围、最有效地实现人民

> 加强人民当家作主制度保障。坚持和完善我国根本政治制度、基本政治制度、重要政治制度，拓展民主渠道，丰富民主形式，确保人民依法通过各种途径和形式管理国家事务，管理经济和文化事业，管理社会事务。
>
> ——摘自党的十九大报告

民主，充分展示了中国独特的制度优势，彰显了新时代我国社会主义民主政治的本质。

（三）基层群众自治制度体现全过程人民民主

中国走的是一条中国特色社会主义政治发展道路，人民民主是一种全过程的民主。党的二十大报告强调，全过程人民民主是社会主义民主政治的本质属性，是最广泛、最真实、最管用的民主。**基层民主是全过程人民民主的重要体现**。全过程人民民主重大理念的提出，丰富和发展了社会主义民主政治理论，集中概括了党领导人民发展社会主义民主的理论和实践成果，深刻阐明了我国人民民主的鲜明特色和显著优势。

全过程人民民主的制度安排包括人民代表大会制度、中国共产党领导的多党合作和政治协商制度、民族区域自治制度、基层群众自治制度等。因此，基层群众自治制度是全过程人民民主的制度载体。它是规范和引导农村、城市社区和企事业单位的基层群众自治性组织，使广大基层群众依照宪法和法律参与国家和社会事务、经济文化事业管理，以实现基层群众自治为目标的中国特色社会主义民主政治制度。

> 我国全过程人民民主不仅有完整的制度程序，而且有完整的参与实践。我国实行工人阶级领导的、以工农联盟为基础的人民民主专政的国体，实行人民代表大会制度的政体，实行中国共产党领导的多党合作和政治协商制度、民族区域自治制度、**基层群众自治制度**等基本政治制度，巩固和发展最广泛的爱国统一战线，形成了全面、广泛、有机衔接的人民当家作主制度体系，构建了多样、畅通、有序的民主渠道。
>
> ——2021年10月习近平在中央人大工作会议上的讲话

人民是否享有民主权利，要看人民是否在选举时有投票的权利，也要看人民在日常政治生活中是否有持续参与的权利。习近平总书记强调："如果人民只有在投票时被唤醒、投票后就进入休眠期，只有竞选时聆听天花乱坠的口号、竞选后就毫无发言权，只有拉票时受宠、选举后就被冷落，这样的民主不是真正的民主。"古今中外的实践都表明，保证和支持人民当家作主，通过依法选举、让人民的代表来参与国家生活和社会生活的管理是十分重要的，通过选举以外的制度和方式让人民参与国家生活和社会生活的管理也是十分重要的。在我国基层群众自治制度的实际运行中，既强调选举民主的作用，人民通过选举、投票行使权利，选举出群众满意的居民委员会、村民委员会、职工代表大会；又注重发挥协商民主的优势，人民群众通过广泛协商参与基层社会事务管理，有的重大事项需要全体居民（村民）或者职工代表大会表决同意，同时人民群众对居民委员会、村民委员会、职工代表大会拥有广泛的监督权，包括对居民委员会、村民委员会组成人员、职工代表大会负责人员的罢免，民主选举、民主协商、民主决策、民主管理、民主监督这5个环节，环环相扣，内在统一，形成全过程人民民主的完整链条，扩大了人民有序参与。这些举措使人民当家作主更好体现在基层社会治理之中，有效防止了选举时漫天许诺、选举后无人过问的现象。

（四）完善和发展基层群众自治制度是推进国家治理现代化的应有之义和必经之路

党的十八届三中全会提出，全面深化改革的总目标是完善和发展中国特色社会主义制度，推进国家治理体系和治理能力现代化。党的十九大重申了这一目标。党的十九届四中全会作出了《关于坚持和完善中国特色社会主义制度，推进国家治理体系和治理能力现代化若干

健全充满活力的基层群众自治制度。 健全基层党组织领导的基层群众自治机制，在城乡社区治理、基层公共事务和公益事业中广泛实行群众自我管理、自我服务、自我教育、自我监督，拓宽人民群众反映意见和建议的渠道，着力推进基层直接民主制度化、规范化、程序化。全心全意依靠工人阶级，健全以职工代表大会为基本形式的企事业单位民主管理制度，探索企业职工参与管理的有效方式，保障职工群众的知情权、参与权、表达权、监督权，维护职工合法权益。

——《关于坚持和完善中国特色社会主义制度 推进国家治理体系和治理能力现代化若干重大问题的决定》

重大问题的决定》，对推进国家治理现代化作出全面部署。党的二十大报告提出，健全共建共治共享的社会治理制度，提升社会治理效能；健全城乡社区治理体系，及时把矛盾纠纷化解在基层、化解在萌芽状态。作为一项系统性、整体性工程，国家治理体系是整套紧密相连、相互协调的国家制度。国家的经济、政治、文化、社会、生态文明和中国共产党的建设等各领域，城乡社区、社会组织以及各级政府管理部门，立法、行政、执法、监督等民主政治的全过程，都要相互配合、互相促进，共同推进国家治理体系和治理能力现代化。

村民委员会、居民委员会、职工代表大会处于国家治理体系的最基层，推进国家治理体系建设和提高治理能力现代化的基础在基层。基层群众自治是人民群众自身实践经验的总结，能为国家治理提供丰富的现实经验。基层群众自治制度以村民自治和居民自治、企事业单位民主管理为主要特点，能够最广泛地动员广大基层群众参与公共事务的管理，激发基层群众的创造热情，促进基层社会治理的制度创新，这不仅锻炼了广大基层群众的治理能力，也在客观上推进了国家治理体系和治理能力现代化。

二、基层群众自治制度的基本原则

具有中国特色的基层群众自治制度之所以在我国取得辉煌的成就，最根本的是坚持了这样几条基本原则：坚持党的全面领导，始终确保正确的政治方向；坚持发展全过程人民民主，实现民主选举、民主协商、民主决策、民主管理、民主监督；坚持以人民为中心，实行自我管理、自我教育、自我服务、自我监督。

（一）坚持党的全面领导，始终确保正确的政治方向

中国的基层群众自治制度，是中国共产党领导中国人民创建的。中国基层群众自治制度的发展和完善，是在中国共产党领导下进行的。中国共产党的领导从根本上保证了城乡基层人民当家作主。

坚持党的领导，始终确保基层群众自治制度运行的正确方向。具体说来，就是要正确处理基层自治组织与基层党组织的关系。

一是要充分发挥基层党组织的全面领导作用。坚持党管干

健全在基层治理中坚持和加强党的领导的有关制度，**涉及基层治理重要事项、重大问题都要由党组织研究讨论后按程序决定**。积极推行村（社区）党组织书记通过法定程序担任村（居）民委员会主任、村（社区）"两委"班子成员交叉任职。注重把党组织推荐的优秀人选通过一定程序明确为各类组织负责人，确保依法把党的领导和党的建设有关要求写入各类组织章程。

——2021年4月《中共中央、国务院关于加强基层治理体系和治理能力现代化建设的意见》

部原则，注重把党组织推荐的优秀人选通过一定程序明确为各类组织负责人。坚持党对各类基层组织的领导，确保依法把党的领导和党的建设有关要求写入各类组织章程。坚持贯彻党的路线方针政策，在基层自治过程中，凡是涉及党的路线、方针、政策的贯彻执行问题，涉及全体居民、企事业单位全体职工生产生活的重大复杂问题，基层党组织都要集体讨论，集思广益，拟订意见，再由村（居）民委员会、工会提交村（居）民会议或者村（居）民代表会议、职工代表代表大会讨论通过。基层党组织应该通过村（居）民委员会、职工代表大会的工作把党的路线、方针、政策变为群众的自觉行动。

二是基层党组织要支持和保障基层群众组织民主选举、民主协商、民主决策、民主管理、民主监督。具体来说，就是要切实保障村（居）民、职工的选举权和被选举权，不得随意撤换村（居）民委员会、工会委员会成员。支持村（居）民会议或者村（居）民代表会议、职工代表大会进行民主决策、民主协商、民主管理，维护村（居）民会议或者村（居）民代表会议、职工代表大会的权威；积极推动村（居）务公开、厂务公开和民主管理工作，支持和组织村（居）民、职工开展广泛而深入的民主监督，帮助完善各种监督制度。支持村（居）民委员会、工会委员会开展工作，维护村（居）民的自治权利，维护职工民主管理的权利，保障村（居）民、职工合法权益。

三是积极发挥基层党组织在基层群众自治中的战斗堡垒作用。对涉及村（居）民、职工利

> 健全基层党组织领导的基层群众自治机制，加强基层组织建设，完善基层直接民主制度体系和工作体系，增强城乡社区群众自我管理、自我服务、自我教育、自我监督的实效。
>
> ——摘自党的二十大报告

益的重大事项要按照先党内后党外的原则，讨论决定。对村（居）民会议或村（居）民代表会议、职工代表大会作出的决议、决定，要充分发挥党员干部的模范带头作用，自觉维护和遵守，并保障执行。

（二）坚持发展全过程人民民主，实现民主选举、民主协商、民主决策、民主管理、民主监督

基层群众自治组织实行民主选举、民主协商、民主决策、民主管理、民主监督。城市居民委员会组织法第二条规定，居民委员会是居民自我管理、自我教育、自我服务的基层群众性自治组织。村民委员会组织法第二条规定，村民委员会是村民自我管理、自我教育、自我服务的基层群众性自治组织，实行民主选举、民主协商、民主决策、民主管理、民主监督。《企业民主管理规定》则规定，企业应当按照合法、有序、公开、公正的原则，建立以职工代表大会为基本形式的民主管理制度，实行厂务公开，推行民主管理。企业民主管理考虑到了企业运行的实际需要，但

村（居）民在基层党组织的领导下，成立村（居）民委员会，依法直接行使民主权利，依法管理基层公共事务和公益事业。实行民主选举，由村（居）民选举村（居）民委员会组成人员；实行民主协商，由村（居）民采取多种形式开展协商议事；实行民主决策，由村（居）民通过村（居）民会议或村（居）民代表会议对社区公共事务和公益事业等作出决定；实行民主管理，由村（居）民讨论决定村（居）民自治章程、村规民约、居民公约等，并进行自我管理；实行民主监督，由村（居）民推选产生村（居）务监督委员会，监督村（社区）事务和村（居）务公开制度落实。截至2020年底，50.3万个行政村全部建立了村民委员会，11.2万个社区全部建立了居民委员会。

——2021年12月国务院新闻办公室《中国的民主》

《企业民主管理规定》的这一规定，也蕴含了"民主选举、民主协商、民主决策、民主管理、民主监督"的精神实质。

民主选举是基层自治的前提和基础。民主选举是指由具备选举资格的村（居）民、职工按照一定的选举原则和选举程序直接选举产生村（居）民委员会成员、职工代表，任何组织或个人不得指定、委派或撤换村（居）民委员会成员、职工代表。民主选举遵循公开、公正、公平，一人一票，无记名投票，秘密投票，差额选举等原则。

民主协商是具有中国特色的民主形式。"协商民主是实践全过程人民民主的重要形式"，因此需要"完善协商民主体系"，加强"人民团体协商、基层协商以及社会组织协商"。2015年中共中央办公厅、国务院办公厅印发《关于加强城乡社区协商的意见》。该《意见》指出，城乡社区协商是基层群众自治的生动实践，是社会主义协商民主建设的重要组成部分和有效实现形式。社区是社会的基本单元，加强城乡社区协商，有利于解决群众的实际困难和问题，化解矛盾纠纷，维护社会和谐稳定；有利于在基层群众中宣传党和政府的方针政策，努力形成共识，汇聚力量，推动各项政策落实；有利于找到群众意愿和要求的最大公约数，促进基层民主健康发展。

民主决策是基层自治的核心环节。在村、社区事务中，凡涉及村（居）民重大利益的事项，如村庄规划、土地承包或租赁、集体企业改制、集体资产处置等，都要保证广大村（居）民参与决策，倾听村（居）民意见并汇集民智，在程序上由村（居）民会议或村（居）民代表会议讨论，按多数人的意见作出决定。企事业单位由于其不同的性质，在民主决策方面有所不同。如在国有企业和国有控股企业中，职工代表大会有权审议通过企业合并、分立、改制、解散、破产实施方案中职工的裁减、分流和安置方案，听取和审议企业经营管理主要负责人关于企业投资和重大技术改造、财务预决算、企业业务招待费使用等情况的报告，专业技术职称的评聘、企业公积金的使用、企业的改制等方案，并提出意见和建议。其他企业，则主要是审议通过集体合同草案，按照国家有关规定提取的职工福利基金使用方案、住房公积金和社会保险费缴纳比例和时间的调整方案，劳动模范的推荐人选等重大事项，提出与职工权益有关的意见建议。

民主管理是基层自治的重要实现形式。人民群众依法直接行使民主权利，管理基层公共事务和公益事业，实行自我管理、自我服务、自我教育、自我监督，是人民当家作主最有效、最广泛的途径。民主管理就是村（居）民、职工依据国家法律、法规和有关政策，结合本村、社区、企事业单位实际情况，由全体村（居）民、职工讨论制定基层自治章程或村规民约、企事业单位民主管理章程等，并由村（居）民委员会、职工代表大会和村（居）民、职工通过各种方式管理基层事务的活动的统称。可见，民主管理必须以相关管理制度的健全和完善为前提，村（居）务公开、厂务公开是民主管理的重要载体和形式。在管理村、社区事务、厂务的过程中，村（居）民委员会、职工代表大会应该积极调动村（居）民、职工参与管理的主动性、自觉性，充分实现村（居）民、职工在村、社区、企事业单位民主管理过程中的主体作用。

民主监督是基层自治有效运作的坚实保障。广大村（居）民可以依据法律、法规等规范性文件，通过村（居）务公开、民主评议和村

（居）民委员会定期报告工作、村（居）干部离任审计、罢免村（居）民委员会组成成员等监督制度和形式，对村、社区组织选举、决策、管理的各个环节以及村（居）民委员会及其组成成员进行广泛的监督。在企事业单位，应当建立和实行厂务公开制度，通过职工代表大会和其他形式，将企事业生产经营管理的重大事项、涉及职工切身利益的规章制度和经营管理人员廉洁从业相关情况，按照一定程序向职工公开，听取职工意见，接受职工监督。

（三）是坚持以人民为中心，实行自我管理、自我教育、自我服务、自我监督

党的十八大报告强调："完善基层民主制度。在城乡社区治理、基层公共事务和公益事业中实行群众自我管理、自我服务、自我教育、自我监督，是人民依法直接行使民主权利的重要方式。"党的二十大报告指出，必须坚持人民至上。人民性是马克思主义的本质属性。可见，实行基层民主的价值目标和最终目的就是确保人民当家作主，在基层群众自治中实现广大村（居）民群众、职工的自我管理、自我教育、自我服务、自我监督。

自我管理就是村（居）民群众、广大职工自己组织起来，自己管理自己的事务，自己约束自己的行为，行使当家作主的权利。自我管理具有以下特点：管理者和被管理者是相统一的。村（居）民群众、广大职工既是管理决策者，又是管理执行者，还是管理监督者，更是被管理对象和管理受益者。

自我教育就是广大村（居）民、职工在开展各种基层民主活动中，采取多种形式，学习党的路线、方针、政策，国家的法律、法规、村

规民约、居民公约、村（居）民自治章程、企事业单位民主管理章程等，提高科学文化素质和思想道德素质，增强法律意识和民主意识，最终促进乡风文明、社会和谐。

自我服务就是通过村（居）民委员会、工会委员会等载体，将基层群众组织起来，开展各种生产生活互助合作活动，满足村（居）民、职工的共同需要，增强社区、村庄、企事业单位的吸引力和凝聚力，解决村（居）民、职工生产生活的各种困难和问题。自我服务的"自我"体现在，服务项目根据村（居）民、职工自身需要确定，服务所需资金由村（居）民、职工自己筹集，服务活动需要村（居）民、职工共同筹工筹劳，共同兴办。

自我监督就是在本村、社区、企事业单位范围内，广大村（居）民、职工依托村（居）民会议、村（居）民代表会议、村务监督机构、职工代表大会、职工监事会等组织载体，通过对村（居）民委员会成员、职工代表、职工董事、职工监事委员会成员进行民主评议、经济责任审计、罢免等形式，对相关人员任期内办理的各项事务及其履职情况进行监督督促的活动。基层自治组织的监督权由村（居）民群众、职工享有，主要依托村（居）民、职工自己的力量进行。

三、基层群众自治的组织形式

根据法律法规规定，基层群众自治的组织形式村（居）民会议、村（居）民代表会议和村（居）民委员会、职工代表大会、职工大会等。（注：企事业单位民主管理的组织形式即职工代表大会、职工大会另章单独论述）

（一）村（居）民会议

村（居）民会议是村（居）民自治组织的权力机构，拥有最高决策权，凡是涉及全体村（居）民利益的重大事务，必须由村（居）民会议讨论决定。村（居）民会议是一种参与人数最多、规模最大、反映村（居）民利益和愿望最直接的决策形式，也是最直接的民主形式，在决策体系中居于最高地位。但是，由于召开村（居）民会议必须达到一定比例的出席人数要求，召集、组织存在诸多不便，经常性地召开村（居）民会议，只适合于规模小、人数少、居住相对集中的村（居）。因此，为了保证广大村（居）民当家作主的权利，使村（居）中事务得到及时处理和决定，法律还创造了村（居）民代表会议，这在某种程度上弥补了村民会议的不足。

（二）村民代表会议

村民代表会议具有以下特点：一是村民代表会议是村民会议的补充形式，不是村民会议的常设机构。村民代表会议的产生主要是为了解决村民会议召开难的问题，如果不是人口较多或居住分散的村，就不宜召开村民代表会议，而应当坚持通过村民会议的形式讨论决定问题。即使在可以召集村民代表会议的村，对于一些重大问题如村民委员会换届选举、罢免村民委员会成员、制定村经济发展规划、制定村规民约、居民公约等，也必须通过村民会议来决定。因此，并不是所有的村都要设立村民代表会议，也不是要用村民代表会议取代村民会议。村民会议的最高决策地位是不可动摇的。二是村民代表会议的权力来源于村民会议的授权，村民代表会议必须向村民会议负责。村民代表会议作为村民会议的补充形式，自身没有独立的职权，只是在受村民会议授权的范围内与同村民会议等同。

（三）村（居）民委员会

根据法律规定，村（居）委会在村（居）民自治组织体系中处于执行机构的地位，没有决策权。但实际情况却是，具有决策权的村（居）民会议和村（居）民代表会议不可能时刻召开，而村级日常事务的处理却是经常大量存在的，这就要求有一个常设机构对日常事务迅速作出决策，在这种情况下，作为执行机构的村（居）委会就自然地承担起这一职能，不仅在实际上起到了决策的作用，而且由于日常事务的大量出现而在村（居）级事务的决策中居于中心地位。

四、基层群众自治制度的实践特色

基层群众自治制度与人民日常生活息息相关，必须坚持正确的原则和方向，要把党的领导贯穿基层治理全过程、各方面，实施共建共治共享，将具有中国特色的基层群众自治制度转化为治理效能，充分彰显中国特色社会主义的制度优势。

（一）在党的全面领导下进行

党的领导主要体现在 3 个方面：一是基层群众自治的相关政策法律是在党领导下制定的，从而保证了基层群众自治沿着党指引的正确方向前进。二是典型经验的总结推广、政策完善是在党领导下进行的，从而保证了基层群众自治按照党和人民的意愿来进行。三是基层群众自治实践是在基层党组织直接领导下和基层党员干部的示范带动下进行的，从而保证了基层群众自治有活力、有秩序。党对基层群众自治的领导，既是一大特点，也是一大政治优势；既有利于及时总结推广人民群众在基层自治实践中创造的经验做法，把好的经验做法上升为政策制度，把成熟的政策制度固定为法律法规，使基层群众自治之路越走越宽阔，又有利于及时发现和研究解决实践中出现的问题，使基层群众自治之路越走越稳健，从而把党的领导、人民当家作主、依法治国有机统一于基层群众自治实践之中。

（二）直接回应人民群众利益诉求

这种直接性主要体现在两个方面：一是基层群众自治的内容与人民群众的利益直接相关。比如村集体经济收益的分配、村办学校、村建道路等公益事业的兴办及经费筹集、生活困难救助人员的确定等，听取企业主要负责人关于企业发展规划、年度生产经营管理情况，企业改革和制定重要规章制度情况，企业用工、劳动合同和集体合同签订履行情况，企业安全生产情况，企业缴纳社会保险费和住房公积金情况等，都与大家的利益直接相连，基层群众很关心、有参与的积极性。二是行使民主权利的直接性。区别于代表制民主，基层群众自治是以人人参与为显著特点的，除了依照法律被剥夺政治权利的人外，凡年满十八周岁的居民不分民族、种族、性别、职业、家庭出身、宗教信仰、教育程度、财产状况、居住期限，都有选举权和被选举权，都有参与的权利和表达意见的机会。基层群众自治直接性的特点，使人民群众通过参与基层自治实践，能够获得看得见、摸

城市治理的"最后一公里"就在社区。社区是党委和政府联系群众、服务群众的神经末梢，要及时感知社区居民的操心事、烦心事、揪心事，一件一件加以解决。

——2018年11月6日习近平在上海考察时强调

得着的利益，能够依法保护自己的权益不受侵害，城乡基层的许多矛盾就是在群众自治实践中得以化解；人民群众也正是在直接参与基层各项事务的决策、管理、监督过程中，逐渐了解了什么是群众自治、怎样做才符合民主法治要求，从而逐渐提高当家作主的能力。

（三）遵循客观实际

遵循客观实际主要体现在：一是任务部署上遵循客观实际，量力而行，与整体经济社会发展相适应，特别是与社区（村）、企事业单位实际情况相适应。二是实践推进上不脱节，使基层群众自治实践的许多环节紧紧围绕人民群众当前最关心最直接最现实的利益问题来展开。三是协调发展，基层群众自治有机融入中国特色社会主义伟大事业。

（四）坚持与时俱进

这种与时俱进主要体现在：对基层群众自治规律性的认识是循序渐进、逐步深化的；基层群众自治的实践，基本是由点到面、由浅到深、由单领域向多领域逐步推开的；基层群众自治的法律法规和各项具体制度，是逐步健全的；人民群众当家作主的能力，是在实践中逐步提高的。实践反复证明，这种循序渐进、逐步发展的办法是积极稳妥的，是符合中国国情的，具有中国特色。

延伸阅读

居（村）民自治制度的建立和发展完善

中国共产党带领中国人民经过浴血奋战，推翻封建主义、官僚资本主义、帝国主义"三座大山"，建立了新中国。新中国初期，既要防止国内国民党反动势力、封建落后势力企图复辟的危险，又要抗拒以美国为首的资本主义阵营的战略围堵、经济封锁与核威胁，新生的人民共和国在这种大的时代和社会背景下，基层群众自治制度应运而生。

新中国建立之初，在一些城市出现了群众自发组织的防护队、居民组等自治组织。同时，为巩固新生的人民政权，各地城市的军管会和人民政府也向基层派出工作组，组织居民进行民主改革，协助人民政府开展工作。由此，逐渐建立起具有一定政权性质的居民委员会。但很快国家政权开始退出社会基层。1951年4月，上海市政府明确居民委员会是群众自治性组织。1953年6月，时任北京市市长的彭真，在给毛主席和党中央的报告中指出，"街道居民委员会的组织是需要建立的。它的性质是群众自治组织，不是政权组织。它的任务，主要是把工厂、商店和机关、学校以外的街道居民组织起来，在居民自愿原则下，办理有关居民的公共福利事项，宣传政府的政策法令，发动居民响应政府的号召和向基层政权反映居民意见。居民委员会应由居民小组选举产生，在城市基层政权或其派出机关的统一指导下进行工作，但它在组织上并不是基层政权的'腿'，不应交付很多事情给它办。"这份报告比较完整地论述了居民委员会的性质、任务、产生途径、工作对象，以及它与基层政权的关系，具有重要价值。1954年12月颁布了《城市居民委员会组织条例》。条例明确规定"居民委员会是群众自治性的居民组织"，并规定了居民委员会的任务、组织机构和工作原则。从此，居民委员会建设蓬勃兴起。但1958年后，尤其是"文化大革命"期间，由于"左"的错误的影响，居民委员会大部分被解散，原本发展态势良好的城市居民自治陷入停滞。

与城市居民自治相比较而言,农村的基层群众自治显得更加曲折。新中国成立之初,农村建立了村级政权。1954 年《宪法》颁布后,取消了村级政权,村民自治开始萌发。随着 1958 年的到来,这些仅有的自治因素迅速消失在"人民公社化"的浪潮中。党的十一届三中全会后,城市居民委员会得以恢复。1980 年 1 月,全国人大常委会重新公布了《城市居民委员会组织条例》。与此同时,基层群众自治在农村取得重大突破并迅速发展。随着家庭联产承包责任的推广,获得了生产经营自主权的广大农民,迫切希望以政治上的民主权利来保障经济上的自主权利。在这种情况下,广西罗城县、宜山县(现宜州市)的一些村民自发地建立了自治组织,管理农田灌溉、防火防盗等事务。这一新生事物得到了党和政府的肯定。经过总结提升,这种自治形式逐渐发展为农村基层群众自治组织——村民委员会。1982 年 12 月,村民委员会和居民委员会一起写进宪法,成为社会主义民主的一种体现。1983 年,《中共中央、国务院关于实行政社分开建立乡政府的通知》明确要求在农村建立村民选举的村民委员会,并对村民委员会的设立、职能、产生方式进行了规定。1987 年 11 月,《村民委员会组织法(试行)》对村民委员会的性质、职能、产生方式、组织机构等作了全面规定。两年后颁布的《城市居民委员会组织法》,重新明确了居民委员会的性质和任务。

20 世纪 90 年代,村民自治制度快速发展。1994 年 2 月,民政部发布《全国农村村民自治示范活动指导纲要(试行)》,对村民自治示范活动的目标、任务、指导方针、具体措施等作全面系统的规定,首次提出要建立民主选举、民主协商、民主决策、民主管理、民主监督四项民主制度。1994 年 11 月,中共中央召开全国农村基层组织建设工作会议，发出《中共中央关于加强农村基层组织建设的通知》，提出了新时期加强农村基层组织建设的目标、重点和政策措施，明确要求完善村民选举、村民议事、村务公开、村规民约等项制度，使村民自治的内容和形式得到进一步充实。1998 年，全国人大常委会通过了《村民委员会组织法》，对村民会议、村务公开和选举程序等进行了完善。这些法律推动着基层群众自治向规范化、法制化方向发展。

进入新世纪，中央为了减轻农民负担、规范地方政府行为，2001年开始逐步推行税费制改革。这项改革一定程度缓解了农村干群关系。但税费改革后，农村基层因无钱理事，出现了治理倒退。为此，党领导群众共治的探索在各地兴起，如广西宜州推行的"党领民办，群众自治"的"党群理事会"等。协商民主实践越来越广泛，如浙江温岭的"民主恳谈会"、各地的"乡贤理事会"和"村民议事会"等。这些村民自治创新日益推动了村民自治形式的多样化与活力的提升。2010 年 10 月，全国人民代表大会常务委员会对村民委员会组织法进行了修订，着眼于规范程序、完善制度，主要从村民委员会成员的选举和罢免程序、民主议事制度、民主管理和民主监督制度等方面作了进一步细化完善，突出了法律的时代性、科学性和可操作性。

在城市自治领域，随着改革开放的深入发展，"社区建设"的重要性日益突出，并与居民自治的功能紧密结合。1999 年民政部开展"全国社区建设实验区"的试点工作。2004 年中央办公厅转发《〈中共中央组织部关于进一步加强和改进街道社区党的建设工作的意见〉的通知》强调，在新形势下社区党组织要"领导社区居民自治组织……推进社区居民自治"。2010 年中共中央办公厅、国务院办公厅印发《关于加强和改进城市社区居民委员会建设工作的意见》，这是党中央、国务院在居民委员会建设史上首次发布的政策文件。党的十九大报告则进一步强调社区治理中心的下移，并借此推动社区建设。为了改变居委会处于城市政府管理体制的"末梢"、居委会与政府部门关系错位、政府部门下派给居委会的任务令其不堪重负等情况，多地开始推行"议行分设""居站分设"的改革。在党建引领基层治理的大方向下，城市的基层党组织正在日益发挥其统合社区各组织、引领群众自治的领导核心作用。各地的协商民主实践如"居民议事会""党群议事会""院落（楼栋）议事会"等蓬勃发展，从而以党建引领推进基层治理进入"绣花"式的精细化阶段。

党的十八大以来，以习近平同志为核心的党中央高度重视基层群众自治工作。2017 年 10 月 24 日通过的《中国共产党章程》规定，党的基层委员会、总支部委员会、支部委员会每届任期三年至五年。为贯彻落实党章规定，中共中央办公厅印发了《关于党的基层组织任期的意见》，进一步明确村和社区党的委员会、总支部委员会、支部委员会每届任期为 5 年。为了落实中央决策部署，2018 年全国人大常委会修改村民委员会组织法、居民委员会组织法，将村民委员会、居民委员会的任期由 3 年改为 5 年，与村和社区党的委员会、总支部委员会、支部委员会的任期保持一致。2019 年中共中央印发《中国共产党农村基层组织工作条例》，对领导和推进村级民主选举、民主协商、民主决策、民主管理、民主监督，支持和保障村民依法开展自治活动作出明确规定。

2021 年中共中央、国务院印发《关于加强基层治理体系和治理能力现代化建设的意见》。在加强基层群众自治制度建设方面，《意见》紧扣习近平总书记提出的"健全基层党组织领导的基层群众自治机制"

重要指示精神，对组织群众自我管理、自我服务、自我教育、自我监督提出了制度性、规范性、程序性要求，强调"建立基层群众性自治组织法人备案制度""规范撤销村民委员会改设社区居民委员会的条件和程序""规范村（居）民委员会换届选举""完善党务、村（居）务、财务公开制度"等。在加强社会力量参与机制建设方面，强调"创新社区与社会组织、社会工作者、社区志愿者、社会慈善资源的联动机制"，为新时代做好基层群众自治工作提供了根本遵循和现实路径。

延伸阅读

居（村）民委员会建立于何时

基层群众自治制度是中国特色社会主义政治制度体系重要组成部分，是人民当家作主的一项基本政治制度。这项基本政治制度什么时候建立的？当下，有一种错误认识，认为基层群众自治制度是改革开放后建立健全的，其标志性事件是1980年2月"中国第一个村民委员会"的建立和1982年宪法颁布实施。有资料表述为，"1980年初，广西宜山县三岔公社合寨大队农民以无记名投票方式选举产生了我国第一个村民委员会，揭开了我国基层群众自治制度建立的序幕。"宪法第一百一十一条规定，"城市和农村按居民居住地区设立的居民委员会或者村民委员会是基层群众性自治组织。居民委员会、村民委员会的主任、副主任和委员由居民选举。居民委员会、村民委员会同基层政权的相互关系由法律规定。"有人认为，"除了基层群众自治制度，毛泽东主席领导建立了我国的根本政治制度——人民代表大会制度，以及两项基本政治制度——中国共产党领导的多党合作和政治协商制度、民族区域自治制度。改革开放后建立了基层群众自治制度。"还有人在讲述社会主义革命和建设时期建立社会主义政治制度历史时，完整讲述了人民代表大会制度、中国共产党领导的多党合作和政治协商制度、民族区域自治制度，而忽略了基层群众自治制度。这些模糊认识和错误说法流传甚广，应予纠正。

习近平总书记指出："唯物史观是我们共产党人认识把握历史的根本方法。如果历史观错误，不仅达不到学习教育的目的，反倒会南辕北辙、走入误区。"人民群众如何在基层组织起来，是国家政权的基础，是关系到新生政权稳定的重大问题，绝不会等到改革开放新时期再去考虑。实际上，社会主义政治制度的四梁八柱，毛泽东等共和国的缔造者们在建设新中国、建立社会主义制度时就已考虑并逐步建立起来了。

1949年10月1日，中华人民共和国成立。国民党政权正式宣告终结，保甲制度也被正式废除。面对严峻的基层管理需要，各地有不同实践，解放区成立的是街道政府，而杭州、上海、济南、天津、武汉等地则采取民主自治形式来进行社会管理。除了居民委员会之外，还有名称各异的防护队、防盗队、居民组等。民政部曾经组织开展新中国第一个居民委员会寻访工作，当时还制定了一个标准，只有符合了这个标准，才可以被认定为新中国第一个居民委员会。根据该标准要求，建立时间应为1949年10月1日新中国成立以后，名称为居民委员会，地域为城市，组织性质为群众自治，组织结构为民主管理委员会制。经过历时五年的寻访，民政部及寻访专家组最终认定，1949年10月23日，浙江省杭州市上城区上羊市街的居民民主选举产生的居民委员会，为新中国第一个居民委员会，这是新中国基层群众自治制度的坐标原点。同时，各地有不同的组织基层群众的实践。采取怎样的管理模式，中央政府慎之又慎。1951 年的国庆节，北京举行盛大的国庆典礼，当北京市民组成的游行队伍整齐威武地走过天安门广场时，毛泽东主席感慨地对身旁的彭真同志说："还是把市民组织起来好。"毛泽东主席指示彭真负责研究摸索城市居民的组织工作。经过大规模的调查研究，1953 年 6 月，彭真同志向毛泽东主席递交了《关于城市街道办事处、居民委员会组织和经费问题的报告》，建议建立"城市街道办事处"和"城市居民委员会"，指出"居民委员会是群众自治组织，不是政权组织，也不是政权组织在下面的腿"。1954 年12 月 31 日，第一届全国人大常委会第四次会议通过了《城市居民委员会组织条例》（以下简称《条例》），《条例》规定，"在市辖区、不设区的市的人民委员会或者它的派出机关指导下，可以按照居住地区成立居民委员会。居民委员会是群众自治性的居民组织。"《条例》还明确居委会成员由民主选举方式产生，任期一年，用法律的形式规定了居民委员会的性质、职能、地位和作用。1956 年底，统一、规范的居委会在全国建立起来。此后，居民委员会开展了公共福利、治安保卫、调解纠纷、居民动员以及向当地政府反映居民意见和要求等工作，获得了广泛的群众基础，极大地提高了城市居民的组织化程度，在巩固新生政权，加强党和政府与人民群众的关系，发动居民互帮、互助、互爱等方面发挥了重要作用。这个时期，我党探索基层民主的实践形式，建立了居民自治制度，基层群众自治制度开始萌芽和实践探索。

在当时农村，要不要让广大农民也建立起类似城市居民委员会的自治组织，是彭真等同志长期思考的问题。他说："我们一直想把居民委员会这种城市基层直接民主的形式推广到广大农村，但后来我们忽视了这件事。"1982年宪法通过后，彭真同志多次提出："为了实行好基层自治，光有宪法规定是不够的，还需要像当年对居民委员会那样，为村民委员会制定一个单行法。"1987年11月，《中华人民共和国村民委员会组织法（试行）》颁布，1998年11月正式实施。该法坚持、完善、深化和拓展了基层群众自治。再从其他角度看，村民委员会这一名称也是借鉴居民委员会而来的。中国第一任村民委员会主任韦焕能回忆村民委员会名称来由时表示："当时考虑城市有居民委员会，我们是农村，就叫村民委员会。大家都认为这个名字比较好，就这样定下来了。"历史事件当事人的回忆记述，进一步印证说明城市居民自治产生时间和其自治性质。1989年12月26日，第七届全国人大常委会第十一次会议通过《中华人民共和国城市居民委员会组织法》。从此，我国城市居民自治、居民委员会建设进入了一个崭新的阶段。

所以，基层群众自治制度是伴随着新中国的成立、社会主义制度建立而建立的，改革开放后不断健全完善。城市居民自治和农村村民自治是相互借鉴、相互促进，并不断发展完善的。

（改编自《准确把握基层群众自治制度建立的历史史实》，载《中国社会报》2021年6月18日）

第二章 城乡社区党的建设

一、党对基层群众性自治组织的领导

基层群众性自治组织是人民群众安居乐业的家园，是党和国家许多政策措施落实的"最后一公里"，始终坚持党对基层群众性自治组织的领导，对于践行党的宗旨、巩固党的执政基础具有重大意义。2021年4月，中共中央、国务院印发了《关于加强基层治理体系和治理能力现代化建设的意见》。《意见》强调要"坚持党对基层治理的全面领导，把党的领导贯穿基层治理全过程、各方面"，指出党的领导是新时代基层治理现代化建设的统领，明确要求"完善党全面领导基层治理制度"，特别是要求"加

党的二十大报告指出，坚持和加强党的全面领导。坚决维护党中央权威和集中统一领导，把党的领导落实到党和国家事业各领域各方面各环节，使党始终成为风雨来袭时全体人民最可靠的主心骨，确保我国社会主义现代化建设正确方向，确保拥有团结奋斗的强大政治凝聚力、发展自信心，集聚起万众一心、共克时艰的磅礴力量。

——摘自党的二十大报告

要加强党的领导，推动党组织向最基层延伸，健全基层党组织工作体系，为城乡社区治理提供坚强保证。

——2020年7月23日习近平在吉林考察时强调

强党的基层组织建设，健全基层治理党的领导体制"，为健全充满活力的基层群众自治制度提供了行动指南。

（一）党对农村群众性自治组织的领导

坚持党对农村工作的领导是党的历史使命。为坚持和加强党对农村工作的全面领导，贯彻党的基本理论、基本路线、基本方略，深入实施乡村振兴战略，提高新时代党全面领导农村工作的能力和水平，2019 年 8 月 19

> 农村基层党组织是党在农村全部工作和战斗力的基础，是贯彻落实党的扶贫开发工作部署的战斗堡垒。
>
> ——2012 年 12 月习近平在河北省阜平县考察扶贫开发工作时的讲话

日中共中央发布了《中国共产党农村工作条例》。《条例》规定："加强党对农村社会主义民主政治建设的领导。"这一规定要求把"健全村党组织领导的充满活力的村民自治机制，丰富基层民主协商形式"确定为新时代党的农村工作主要任务之一。2018 年 12 月 28 日中共中央发布了《中国共产党农村基层组织工作条例》，《条例》旗帜鲜明指出："必须坚持党的农村基层组织领导地位不动摇"。"乡镇党的委员会和村党组织（村指行政村）是党在农村的基层组织，是党在农村全部工作和战斗力的基础，全面领导乡镇、村的各类组织和各项工作。"

农村党组织在农村自治中居于核心领导地位。在推进农村基层组织建设进程中，要建立健全党领导下的选举规范、决策民主、管理有序、监督有效的村级民主自治机制，促进民主选举、民主协商、民主决策、民主管理、民主监督健康发展，才能巩固党在农村的执政基础，实现党的执政使命。村党组织作为各种组织和各项工作的领导核心，其职责之一就是领导和推进村级民主选举、民主协商、民主决策、民主管理、民主监督，支持和保障村民依法开展自治活动。只有在村党组织的领导、组织和监督下，各类村民自治组织的各项活动才能顺利开展，才能沿着正确的方向前进。因此，村党组织加强对农村各类组织的领导，要在农村民主决策中发挥领导核心作用，在民主选举中发挥政治引导作用，在民主管理中发挥组织协调作用，在民主监督中发挥中坚骨干作用，努力使党的领导贯穿于民主选举、民主协商、民主决策、民主管理、民主监督的全过程。

要充分发挥农村党组织作用。村党组织要按照规定领导村民委员会，发挥领导核心作用，领导和支持村委会及其成员行使职权，依照宪法和法律支持和保障村民委员会工作开展。这是践行全面从严治党要求，也是坚持党领导一切的必然要求。村党组织要理清村级各类组织功能定位，指导和规范各类基层组织的工作。促使村民委员会履行好基层群众性自治组织功能，增强村民自我管理、自我教育、自我服务能力。全面建立健全村务监督委员会，发挥在村务决策和公开、财产管理、工程项目建设、惠农政策措施落实等事项上的监督作用。强化集体经济组织服务功能，发挥在管理集体资产、合理开发集体资源服务集体成员等方面的作用。发挥农村社会组织在服务农民、树立新风等方面的积极作用。村党组织要支持和保证这些组织依照国家法律法规以及各自章程履行职责，实现各类基层组织按需设置、按职履责、有人办事、有章理事。

（二）党对城市社区基层群众性自治组织的领导

2019 年 5 月，中共中央办公厅印发了《关于加强和改进城市基层党的建设工作的意见》。《意见》强调指出，"提升党组织领导基层治理工作水平，健全党组织领导下的社区居民自治机制"，"确保社区党组织有资源有能力为群众服务"。《意见》提出，要"在社区党组织领导下，以社区居民委员会和居务监督委员会为基础，完善协同联动的社区治理架构。强化党组织领导把关作用，规范社区'两委'换届选举，防止不符合标准条件的人选进入班子。全面推行社区党组织书记通过法定程序担任社区居民委员会主任、'两委'班子成员交叉任职……"

> 社区治理得好不好，关键在基层党组织、在广大党员，要把基层党组织这个战斗堡垒建得更强，发挥社区党员、干部先锋模范作用，健全基层党组织领导的基层群众自治机制，把社区工作做到位做到家，在办好一件件老百姓操心事、烦心事中提升群众获得感、幸福感、安全感。
>
> —— 2021 年 6 月 7 日习近平在青海考察时强调

街道社区党组织要善于将党组织的各类制度与基层群众自治制度有机衔接，良性互动，形成务实管用的基层治理机制。因此，要着力健全党组织领导下的居民自治机制、民主协商机制、群团带动机制、社会参与机制等，开好居民议事会、理事协商会、代表恳谈会等。党组织的领导和监督要贯穿居自治的全过程，从民主选题、协商议事、项目落实等每一个环节严格把关，同时要引导各类主体自我约束、照章办事、遵规守纪，确保政治方向不偏离、服务群众不走样。

（三）党对企业民主管理工作的领导

2012 年 2 月，中共中央纪委、中共中央组织部等联合发布的《企业民主管理规定》明确要求"企业民主管理工作应当坚持党的领导"，"企业党组织应当加强对民主管理工作的领导和支持"。

国有企业是中国特色社会主义的重要物质基础和政治基础，是党执政兴国的重要支柱和依靠力量。坚持党的领导、加强党的建设是国有企业的"根"和"魂"，是我国国有企业的光荣传统和独特优势。为坚持和加强党对国有企业的全面领导，提高国有企业党的建设质量，推动国有企业高质量发展，2019 年 12 月 30 日，中共中央发布《中国共产党国有企业基层组织工作条例（试行）》。《条例》规定，国有企业党组织工作应当坚持加强党的领导和完善公司治理相统一，把党的领导融入公司治理各环节；坚持党建工作与生产经营深度融合，以企业改革发展成果检验党组织工作成效；坚持党管干部、党管人才，培养高素质专业化企业领导人员队伍和人才队伍；坚持抓基层打基础，突出党支部建设，增强基层党组织生机活力；坚持全心全意依靠工人阶级，体现企业职工群众主人翁地位，巩固党执政的阶级基础。非公有制经济组织是党的建设工作的一个重要领域。要在非公有制经济组织中建立党的组织，积极开展党的工作，加强党的建设，充分发挥党的思想政治优势、组织优势和密切联系群众的优势，保证监督党和国家的方针政策、法律法规贯彻实施，引导非公有制经济健康发展。

延伸阅读

以党建为统领打造"共建共治共享"基层治理新格局

天津市西青区深入贯彻落实全国组织部长会议精神，持续加大抓基层打基础力度，把党建引领作为先导性、根本性要求，贯穿城乡基层治理全过程、嵌入各领域、融入各方面，以基层党组织强大组织力激起城乡基层治理"一池活水"。

坚持系统化谋划，建立"联动高效"的治理体系，实现党的组织覆盖力融入基层治理。习近平总书记指出，要加强党的领导，推动党组织向最基层延伸，健全基层党组织工作体系，为城乡社区治理提供坚强保证。一是打通"纵贯线"，建立多级联动责任链条。坚持区委"统面"，研究制定党建引领基层治理的具体措施，把准基层治理方向；街镇"管线"，深化街镇体制机制改革，赋予街镇对区属职能部门的吹哨调度权、人事建议权、考核评价权，把街镇工作重心转移到抓党建、抓治理、抓服务上；村居"包片"，加强对各类组织的政治引领和对居民群众的教育引导，严格执行党内组织生活制度，协调解决群众急难愁盼问题；党员"守点"，深化落实机关干部入列轮值、在职党员社区报到等制度，整合服务力量、下沉服务重心。二是织密"连心网"，发挥网格党建治理合力。实施"红色网格"创建行动，灵活采取"一网格一支部""多网格一支部"等方式，建立"社区党委—网格党支部—楼门党小组"三级组织体系，将在职报到党员、入列轮值党员、社区党员编入网格党支部，明确网格党支部政治引领、党员管理、收集民意、志愿服务等职责，使网格单元成为有组织机构、有党员队伍、有活动载体的基本单元。三是用好"指挥棒"，强化基层组织规范运行。把评星定级作为撬动基层党建质量提升的有力杠杆，结合乡村振兴和基层治理目标任务，完善指标体系，改进评分方法，加强区域统筹和综合把关，考准考实工作业绩。将无星社区村全部纳入软弱涣散基层党组织，落实"五个一"整顿措施，建立结对帮带联盟，促进无星晋位升级。坚持项目化推进，大力开展十佳"书记项目"评选活动，聚焦基层党建、社会治理等方面薄弱环节，确定一批重点项目、破解一批难点问题、培育一批品牌标杆，打造党建引领基层治理的"西青样板"。

坚持制度化规范，构建"一核多元"的共建格局，实现党的社会号召力融入基层治理。习近平总书记强调，要夯实社会治理基层基础，推动社会治理重心下移，构建党组织领导的共建共治共享的城乡基层治理格局。一是拧紧"动力轴"，夯实基层党组织轴心作用。健全完善党组织领导下的民主决策、民主协商、民主管理等各项制度，严格落实社区村各类组织负责人向党组织述职制度，赋予社区党组织协调各类社会组织和各项工作的权力，物业公司、社会组织等凡涉及居民的信息，要向社区备案共享，提高社区党组织整合市场信息和社会资源的能力。围绕物业治理难题，巩固拓展"红色物业"三年创建成果，实施物业企业评星定级，助推红色物业"红"的特色、"治"的成效更加凸显。二是扩大"朋友圈"，健全融合互动长效机制。健全区、街镇、社区三级党建联席会议制度，共同研究讨论解决区域内社会性、群众性工作以及社区建设管理中的痛点难点堵点问题。深化拓展驻区单位和在职党员"双报到"工作，整合街镇社区、驻区单位、共建单位、群团组织、"两新"服务联盟等服务资源，制定资源项目、需求项目、共建项目"三张清单"，形成"握指成拳"的共建合力。三是共绘"同心圆"，增强基层社区自治活力。深化党组织领导下的基层群众自治，严格落实"四议两公开"制度，充分用好居民公约等"软法之治"，引导居民群众培养规则思维，有效参与基层治理。推行村（居）民议事会制度，探索五方议事会、线上议事会、现场议事会、社区开放日等新型协商形式，聚力解决居民关注的停车、物业、违建等治理难题，充分撬动党建引领下的自治共治力量。

坚持专业化标准，打造"堪当大任"的骨干队伍，实现党的工作保障力融入基层治理。习近平总书记强调，加强和创新社会治理，核心是人。坚持把骨干队伍建设作为一项基础工程来抓，持续铆紧"选育管用"全链条，着力锻造坚强有力、堪当大任的兴村治社"铁军"。一是精准"滴灌"，选用并重强头雁。把牢能力素质关，创设"书记学堂"，采取专题授课、座谈研讨、典型交流、实地观摩、现场展示等形式，邀请专家学者、优秀书记上讲台、授心得、传经验，帮助提升工作本领和治理能力，着力培养一批"提笔能写、张口能说、遇事能谋、办事能成"的村社区"代言人"。强化激励保障措施，大力推进选拔优秀社区村党组织书记为事业编制人员和定向招录公务员工作，着力拓宽"能上"渠道，树立担当实干的鲜明导向。二是精准"育苗"，多方联动促成长。启动"头雁启航"工程，以农村专职党务工作者、社区专职委员为培养重点，建立片区交流、调研走访、信息报送、教育培训、轮岗锻炼五项制度，制定"菜单式"培养计划，实行"2+1"传帮带，指定街镇领导班子成员为直接培养人，任职社区村党组织书记为具体培养人，补足能力短板，为党建引领基层治理提供后备人才支撑。三是精准"淬火"，教管并重练实功。坚持因需量训原则，聚焦重点工作，为社区工作者"量身"制定培训计划，科学设置培训课程，优中选优挑选授课老师，增强针对性实效性。加大"全科社工"培养力度，通过工作例会、以师带徒、互动交流等形式，帮助社区工作者全面了解社区受理的各项公共服务事项，推动社区工作者从"一专多能"向"多专多能"转变。突出科学化管理，完善社区村干部绩效工资与评星定级结果、个人考核结果双向挂钩机制，健全社区工作者退出机制，切实增强压力感和紧迫感。

坚持服务化导向，形成"民呼我应"的温馨磁场，实现党的群众凝聚力融入基层治理。习近平总书记指出，要改革创新，完善基层治理，加强社区服务能力建设，更好地为群众提供精准化精细化服务。一是实施"常态化"服务行动，在争当先锋中聚民心。深入开展"青"叩家门主题活动，建立常态化入户走访机制，区级领导干部带头，将走访调研的触角延伸至最基层，1.3万名党员干部"手拉手"进社区入网格，收集归并居民需求清单。开展"党员服务进社区"活动，打造"冬日暖阳""花城故事会"等一批暖人心的服务品牌和"爱彼邻""爱链接"等一批志愿服务队，以为民服务小行动促进党群关系大融合。二是构建"一体化"服务体系，在解决问题中聚人心。持续深化向群众汇报、实事项目"亮晒评"、民情联络等为民服务长效机制，形成"发现问题—整改落实—交办监督—效果检视"的工作闭环，有效解决看得见的无权管、有权管的看不见的问题，实现党建有民生"温度"、民生有党建"底色"。三是丰富"需求侧"服务供给，在便民利民上聚人心。突出党建引领、坚持需求导向，完善社区村党组织阵地建设，重点解决管理不善、功能单一、效能低下等问题，推行"延时服务"，落实社区工作者"AB"岗、错时上下班等制度，探索"一次不跑"便民服务模式，在有条件的社区设立综合受理代办点，科学设置代办事项，提供全程代办服务，有针对性地提供"儿童乐园""四点半课堂""老人家食堂"等差异化服务，把好事实事办到群众"家门口"、心坎上，让服务党员群众的"最后一公里"变成"零距离"。（《天津党建网》2022年3月24日）

二、村（居）、企事业单位党组织

《中国共产党章程》第三十条规定："企业、农村、机关、学校、科研院所、街道社区、社会组织、人民解放军连队和其他基层单位，凡是有正式党员三人以上的，都应当成立党的基层组织。"据此，我国广大农村、社区、企事业单位都应建立党的基层组织。

（一）村党组织

村党组织是党的基层组织，是党在农村全部工作和战斗力的基础，是团结带领群众贯彻党的理论和路线方针政策、落实党的任务的战斗堡垒，长期以来在推动发展、服务群众、凝聚人心、促进和谐中发挥了重要作用。

1.村党组织的设立

根据《中国共产党农村基层组织工作条例》规定，村党组可根据实际情况设立党支部、党总支或者党的基层委员会。

（1）党支部

在农村，应以村为基本单元设置党组织。有正式党员3人以上的村，应当成立党支部。如果一个行政村的中共党员不足3人的，可以与邻近村联合成立党支部。

（2）党总支

在农村，如果一个行政村的党员人数超过50人，或者党员人数虽不足50人、但确因工作需要的，可以成立党的总支部。

（3）党的基层委员会

党员人数100人以上的村，根据工作需要，经县级地方党委批准，可以成立党的基层委员会。在党的基层委员会下设若干党支部。村党的委员会受乡镇党委领导。

村党的委员会、总支部委员会、支部委员会每届任期5年，由党员大会选举产生。党员人数500人以上的村党的委员会，经乡镇党委批准，可以由党员代表大会选举产生。

2. 村党组织的主要职责

根据《中国共产党农村基层组织工作条例》规定，村党组织的主要职责有：

（1）宣传和贯彻执行党的路线方针政策和党中央、上级党组织及本村党员大会（党员代表大会）的决议。

（2）讨论和决定本村经济建设、政治建设、文化建设、社会建设、生态文明建设和党的建设以及乡村振兴中的重要问题并及时向乡镇党委报告。需由村民委员会提请村民会议、村民代表会议决定的事情或者集体经济组织决定的重要事项，经村党组织研究讨论后，由村民会议、村民代表会议或者集体经济组织依照法律和有关规定作出决定。

（3）领导和推进村级民主选举、民主协商、民主决策、民主管理、民主监督，推进农村基层协商，支持和保障村民依法开展自治活动。领导村民委员会以及村务监督委员会、村集体经济组织、群团组织和其他经济组织、社会组织，加强指导和规范，支持和保证这些组织依照国家法律法规以及各自章程履行职责。

（4）加强村党组织自身建设，严格组织生活，对党员进行教育、管理、监督和服务。负责对要求入党的积极分子进行教育和培养，做好发展党员工作。维护和执行党的纪律。加强对村、组干部和经济组织、社会组织负责人的教育、管理和监督，培养村级后备力量。做好本村招才引智等工作。

（5）组织群众、宣传群众、凝聚群众、服务群众，经常了解群众的批评和意见，维护群众正当权利和利益，加强对群众的教育引导，做好群众思想政治工作。

（6）领导本村的社会治理，做好本村的社会主义精神文明建设、法治宣传教育、社会治安综合治理、生态环保、美丽村庄建设、民生保障、脱贫致富、民族宗教等工作。

（二）社区党组织

1. 社区党组织的设立

根据《中共中央组织部关于进一步加强和改进街道社区党的建设工作的意见》规定，凡有 3 名以上正式党员的社区，都要单独建立社区党组织。尤其要重视及时在城市新区、开发区和新建居民区建立社区党组织的工作。在调整社区设置时，要同步调整、健全社区党组织。

在城市社区建立党组织应当遵守党章的有关规定，如"党的基层组织，根据工作需要和党员人数，经上级党组织批准，分别设立党的基层委员会、总支部委员会、支部委员会"。也就是说城市社区可以依据党章党规设立党支部、党总支、党的基层委员会。

2. 社区党组织的主要职责

根据《中共中央组织部关于进一步加强和改进街道社区党的建设工作的意见》，社区党支部（总支、党委）的主要职责是：

（1）宣传和执行党的路线方针政策，宣传和执行党中央、上级党组织和本组织的决议，团结、组织干部和群众，努力完成社区各项任务。

（2）讨论决定本社区建设、管理中的重要问题。

（3）领导社区居民自治组织，支持和保证其依法充分行使职权，完善公开办事制度，推进社区居民自治；领导社区群众组织，支持和保证其依照各自的章程开展工作。

（4）联系群众、服务群众，宣传群众、教育群众，反映群众的意见和要求，化解社会矛盾，维护社会稳定。

（5）组织党员和群众参加社区建设。

（6）加强社区党组织自身建设，做好党员的教育管理和发展党员工作。

（三）企事业单位的党组织

1. 企事业单位党组织的设立

（1）国有企业党组织的设立

根据《中国共产党国有企业基层组织工作条例（试行）》规定，国有企业党员人数 100 人以上的，设立党的基层委员会。党员人数不足 100 人、确因工作需要的，经上级党组织批准，也可以设立党委。党员人数 50 人以上、100 人以下的，设立党的总支部委员会（以下简

> 推进国有企业、金融企业在完善公司治理中加强党的领导，加强混合所有制企业、非公有制企业党建工作，理顺行业协会、学会、商会党建工作管理体制。加强新经济组织、新社会组织、新就业群体党的建设。
>
> —— 摘自党的二十大报告

称党总支）。党员人数不足 50 人、确因工作需要的，经上级党组织批准，也可以设立党总支。正式党员 3 人以上的，成立党支部。正式党员 7 人以上的党支部，设立支部委员会。经党中央批准，中管企业一般设立党组，中管金融企业设立党组性质党委。

（2）非公有制企业党组织的设立

县以上地方党委一般要有非公有制企业党建工作机构，统筹负责非公有制企业党建工作。非公有制企业相对集中的各类开发区（园区），应设立企业党委或综合党委，负责非公有制企业党建工作。对大量分散的规模以下企业，要充分发挥乡镇（街道）、村（社区）党组织作用，实行区域化、网格化管理。对专业性、行业性较强的企业，可依托相关管理部门或行业协会（商会）建立党组织，实行归口管理。

非公有制企业中，如果有 3 名以上正式党员、条件成熟的，要单独建立党组织。暂不具备单独组建条件的，要以开发区（园区）、乡镇（街道）、村（社区）、专业市场、商业街区、商务楼宇等为单位，组建区域性党组织，或依托行业协会（商会）、个体私营企业协会和龙头企业、专业经济合作组织组建行业性党组织。联合党组织中具备单独组建条件的，要及时单独建立党组织。对未建立党组织的非公有制企业，可通过选派党建工作指导员、确定党建工作联络员、建立工会和共青团组织等方式，积极开展党的工作，推动企业建立党组织。

2. 企事业单位党组织的主要职责

企事业单位因其所有制的性质不同，其党组织的职责也有较大不同。

（1）国有企业党组织的主要职责

国有企业党委（党组）发挥领导作用，把方向、管大局、保落实，依照规定讨论和决定企业重大事项。在企业民主管理中的职责主要有：研究讨论企业重大经营管理事项，支持股东（大）会、董事会、监事会和经理层依法行使职权；加强基层党组织建设和党员队伍建设，团结带领职工群众积极投身企业改革发展；领导企业思想政治工作、精神文明建设、统一战线工作，领导企业工会、共青团、妇女组织等群团组织。

国有企业党支部（党总支）以及内设机构中设立的党委围绕生产经营开展工作，发挥战斗堡垒作用。在企业民主管理中的职责主要有：团结带领职工群众完成本单位各项任务；按照规定参与本单位重大问题的决策，支持本单位负责人开展工作；密切联系职工群众，推动解决职工群众合理诉求，认真做好思想政治工作；领导本单位工会、共青团、妇女组织等群团组织，支持它们依照各自章程独立负责地开展工作；监督党员、干部和企业其他工作人员严格遵守国家法律法规、企业财经人事制度，维护国家、集体和群众的利益。

（2）非公有制企业党组织的主要职责

非公有制企业党组织在民主管理方面的职责主要有：教育党员和职工群众自觉遵守国家法律法规和有关规章制度，引导和监督企业合法经营，自觉履行社会责任；团结凝聚职工群众，加强和改进思想政治工作，密切联系群众，注重人文关怀和心理疏导，主动关心、热忱服务党员和职工群众，帮助解决实际困难，把广大职工群众团结在党组织周围；维护各方合法权益，积极反映群众诉求，畅通和拓宽表达渠道，依法维护职工群众合法权益，协调各方利益关系，及时化解矛盾纠纷，构建和谐劳动关系，促进企业和社会稳定；领导工会、共青团等群众组织，支持和带动群众组织发挥作用，进一步增强党组织的创造力、凝聚力、战斗力。

（四）构建基层服务型党组织建设

随着中国特色社会主义进入新时代，基层党组织服务群众、做群众工作的任务更为繁重，这对强化基层党组织的服务功能提出了新的要求。党的十八大作出创新基层党建工作，加强基层服务型党组织建设的重大部署；党的十八届三中全会强调充分发挥基层党组织的战斗堡垒作用，为全面深化改革作出积极贡献。十九大报告指出，要以提升组织力为重点，突出政治功能，把企业、农村、机关、学校、科研院所、街道社区、社会组织等基层党组织建设成为宣传党的主张、贯彻党的决定、领导基层治理、团结动员群众、推动改革发展的坚强战斗堡垒。党的二十大报告指出，严密的组织体系是党的优势所在、力量所在。强调"各级党组织要履行党章赋予的各项职责，把党的路线方针政策和党中央决策部署贯彻落实好，把各领域广大群众组织凝聚好"。构建基层服务型党组织则是落实上述二十大精神的应有之义。

第一，强化服务功能。农村党组织要围绕推动科学发展、带领农民致富、密切联系群众、维护农村稳定搞好服务，引导农民进行合作经营、联户经营，开展逐户走访、包户帮扶，及时办理反馈群众诉求，帮助群众和困难党员解决生产生活、增收致富中的实际问题。街道、社区党组织要围绕建设文明和谐社区搞好服务，定期开展民情恳谈，组织在职党员到社区报到、为群众服务，开展群众喜闻乐见的文化活动。事业单位党组织要围绕深化分类改革、促进事业发展搞好服务，做好思

> 创新基层党建工作，扩大组织覆盖和工作覆盖，深入推进基层服务型党组织建设。
>
> ——2013年6月28日习近平在全国组织工作会议的讲话强调

想政治工作，激发党员和各类人才创新创造活力，推动公益服务水平不断提升。国有企业党组织要围绕生产经营和队伍建设搞好服务，保障职工参与管理和监督的民主权利，建立职工诉求办理制度，开展人文关怀和心理疏导，组织党员和职工为企业改革发展建言献策。非公有制企业党组织要围绕促进生产经营、维护各方合法权益搞好服务，在职工群众中发挥政治核心作用，在企业发展中发挥政治引领作用。

第二，健全组织体系。适应服务对象、服务内容、服务方式的变化和需求，优化组织设置，扩大组织覆盖。农村在以建制村为主设置党组织的基础上，在农民专业合作社、专业协会、产业链全面建立党组织。城市在依托街道、社区设置党组织的同时，在片区、楼宇和流动党员集中点建立党组织，在社区居民中按照志向相投、兴趣相近、活动相似的不同群体建立党组织。非公有制企业和社会组织等领域，采取单独组建、区域联建、行业统建等方式建立党组织，加快推进党的组织和工作覆盖。探索建立网络党组织，通过 QQ 群、微博客、微信等开展党的活动，拓宽党建工作网络阵地。推行区域化党建，可以由街道、社区党组织与辖区内单位党组织共同组建区域性党组织，也可以依托居民区、商务区、开发区等组建区域性党组织，合理划分服务网格，组建网格服务团队，做到有群众的地方就有党组织提供服务。

第三，建设骨干队伍。加强基层党组织领导班子特别是书记队伍建设，创新选拔培养机制，采取上级选派、跟踪培养、群众推荐等方式，选拔党性强、能力强、改革意识强、服务意识强的党员担任党组织书记。选派得力党员干部到软弱涣散基层党组织和贫困村党组织担任书记或第一书记。加强基层党组织书记教育培训和监督管理，引导他们提高为民服务本领，强化廉洁履职意识；分级负责、分类培训，用 2 至 3 年时间，把各领域党组织书记轮训一遍。充实机关、事业单位专职党务工作者，加大非公有制企业党建工作指导员选派力度，引导他们专心致志做好本职工作、履行服务职责。加强党员队伍建设，做好发展党员和培训工作，注重把党员培养成服务骨干，严格党员日常教育管理，促使他们保持先进性和纯洁性。教育引导基层干部和广大党员增强服务意识，改进工作作风，密切联系群众，主动服务群众，扎扎实实为群众做好事、办实事、解难事。

第四，创新服务载体。围绕群众多样化需求，坚持立足实际、尽力而为，运用多种形式和手段开展服务。依托基层组织活动场所，坚持一室多用，丰富活动载体，推广机关干部下基层、结对帮扶、为民服务全程代理、一站式服务、窗口单位为民服务创先争优等做法，深入开展党员示范岗、党员责任区、党员承诺践诺等活动，为服务群众创造条件、提供动力。推行网络服务，推动基层党建信息化工作平台和网上民生服务平台整合，加快全国党员信息库建设，充分运用共产党员网、农村党员干部现代远程教育网、党员干部手机信息系统等开展服务。

第五，构建服务格局。基层党组织要带动群众组织、自治组织开展服务，协调面向基层的公共服务、市场服务和社会服务。深入开展以服务为主题的党建带工建、带团建、带妇建活动，充分发挥群众组织服务作用。建立健全各级党代会代表联系党员服务群众制度，广泛开展以党员为骨干的各类志愿服务，组织各类专业人才和实用人才开展服务，培养群众服务骨干，引导群众参与服务、自我服务、互相服务，形成以党组织为核心、全社会共同参与的服务格局。

三、党建引领的社会参与制度

党的二十大报告指出，"全面加强党的领导"，"确保党发挥总揽全局、协调各方的领导核心作用，"。基层工作错综复杂，面临的情况千差万别，任务十分繁重，单靠基层群众自治性组织来开展工作往往力量薄弱，力不从心。因此，要积极发挥党总揽全局，协调各方的优势，在基层党组织的统一领导下，各方面治理力量密切配合，形成党建引领社会参与基层治理的整体合力。

第一，深入整顿软弱涣散基层党组织，强化领导力量。乡镇、街道党委要加强摸底排

> 基层党组织是贯彻落实党中央决策部署的"最后一公里"，不能出现"断头路"，要坚持大抓基层的鲜明导向，持续整顿软弱涣散基层党组织，有效实现党的组织和党的工作全覆盖，抓紧补齐基层党组织领导基层治理的各种短板，把各领域基层党组织建设成为实现党的领导的坚强战斗堡垒。
>
> —— 2020年6月29日习近平在十九届中央政治局第二十一次集体学习时的讲话

查、开展集中整顿，不断巩固扩大整顿成果。派出专门工作力量，跟踪帮扶、巩固提高。对整顿后效果不好、群众不满意的，要找准症结、限期"补课"。整顿不彻底、不到位的不能放过，联系领导和帮扶单位不能脱钩，派驻干部和工作组不能撤离。

第二,以村、社区为重点选好、用好、管好基层组织带头人。结合村、社区"两委"换届，选优配强基层党组织书记。加强后备人才队伍建设，着力解决基层组织后继乏人的问题。认真落实从优秀村、社区党组织书记和大学生村官中选拔乡镇街道领导干部、考录乡镇街道公务员、

招聘事业编制人员的有关规定。加强对基层带头人队伍的监督管理，严格考核奖惩，健全民主评议、述职述廉、离任审计等制度。

第三，推行驻村、社区联户、结对帮扶制度。地方各级机关和企事业单位党组织至少结对帮扶1个村、社区，重点联系基层党组织软弱涣散、发展滞后、困难多、情况复杂的村、社区。鼓励机关和企事业单位党员干部联系贫困户、五保户、残疾人、空巢老人和留守儿童，帮助解决实际困难和问题。

第四，推动机关在职党员到社区报到为群众服务。街道、社区党组织要深入了解群众服务需求，列出服务项目清单，设定服务岗位。机关党组织要做好供需对接，组织党员主动认领服务岗位和服务事项。在职党员要利用业余时间开展社区志愿服务，帮助群众排忧解难。企事业单位和其他领域基层党组织也要鼓励引导党员到社区报到为群众服务。

第五，健全落实"四议两公开"等民主管理制度。建立健全并全面落实村级民主议事、民主决策、党务公开、村务公开、民主理财、民主监督等各项民主管理制度。大力推广"四议两公开"工作法，深入推进村务监督委员会建设，切实解决优亲厚友、暗箱操作、损害群众利益等突出问题。社区党组织要完善社区"两委"议事协调机制，推广社区事务听证会、民主恳谈会和党群议事会等做法，全面推进党务、居务公开。

第六，加大查处不正之风和违法违纪行为的工作力度。切实加大监督、执纪、问责力度，紧紧扭住基层党组织和党员干部中存在的"四风"突出问题，特别是发生在群众身边的不正之风和违法违纪行为，出重拳、下猛药集中整治。开展整治村、社区等基层干部违法违纪行为专项行动，特别要集中力量查处群众反映强烈的涉黑涉恶案件。全面清理上级机关和有关方面在基层组织设立的临时工作机构、加挂的各种牌子，集中规范委托基层代办事项和面向基层开展的各类检查、考核、评比、达标活动，大力压缩面向基层的各类会议、台账、材料、报表，切实为基层减负减压。

第七，加大基层基础保障力度。对基层党组织经费保障落实情况进行检查，重点排查基层党组织工作经费、基层干部报酬待遇和基本养老医疗保险、基层党组织活动场所和服务设施、基层党组织服务群众专项经费等基础保障政策落实情况。

第三章 村（居）民的民主选举

一、选举原则

习近平总书记指出："古今中外的实践表明，保证和支持人民当家作主，通过依法选举、让人民的代表来参与国家生活和社会生活的管理是十分重要的。"民主选举同样在基层群众自治制度中占据重要地位，是村(居)民进行民主决策、民主管理、民主监督的前提和基础。

我国宪法对公民的选举权作出了明确规定，即中华人民共和国年满十八周岁的公民，不分民族、种族、性别、职业、家庭出身、宗教信仰、教育程度、财产状况、居住期限，都有选举权和被选举权；但是依照法律被剥夺政治权利的人除外。村民委员会组织法、居民委员会组织法对选举村(居)民委员会组成人员作出了规定。

根据宪法和有关法律规定，村(居)民委员会选举必须遵循以下原则：

（一）普遍性原则

宪法规定，我国是人民民主专政的社会主义国家，国家的一切权力属于人民，人民依照法律规定，通过各种途径和形式，管理国家事务，管理经济和文化事业，管理社会事务。宪法的这一规定从根本上决定了我国人民必然要享有广泛的选举权。根据我国宪法和法律规定，凡符合法定年龄的中国公民，除被剥夺政治权利的人之外，不受限制地、普遍地享有选举权和被选举权。

村民委员会组织法第十三条规定，年满十八周岁的村民，不分民族、种族、性别、职业、家庭出身、宗教信仰、教育程度、财产状况、居住期限，都有选举权和被选举权；但是，依照法律被剥夺政治权利的人除外。

> 全体人民依法实行民主选举、民主协商、民主决策、民主管理、民主监督，依法通过各种途径和形式管理国家事务，管理经济和文化事业，管理社会事务。
>
> ——2021年10月13日习近平在中央人大工作会议上的讲话

为进一步保障村民的选举权，实现选举的普遍性原则，村民委员会组织法进一步规定，村民委员会选举前，应当对下列人员进行登记，列入参加选举的村民名单：

1. 户籍在本村并且在本村居住的村民；

2. 户籍在本村，不在本村居住，本人表示参加选举的村民；

3. 户籍不在本村，在本村居住一年以上，本人申请参加选举，并且经村民会议或者村民代表会议同意参加选举的公民。

但是，对于已在户籍所在村或者居住村登记参加选举的村民，不得再参加其他地方村民委员会的选举。

居民委员会组织法第八条规定，年满十八周岁的本居住地区居民，不分民族、种族、性别、职业、家庭出身、宗教信仰、教育程度、财产状况、居住期限，都有选举权和被选举权；但是，依照法律被剥夺政治权利的人除外。

两委组织法的上述规定，从法律层面确立了在村（居）民委员会选举中坚持普遍性原则。

（二）选举权平等原则

选举权平等原则是宪法原则"法律面前人人平等"在选举领域的具体体现。选举权平等原则要求，在一次选举中每一位有选举权的居民有且只有一次投票权，每位选民的投票效力相等。村民委员会组织法和居民委员会组织法虽没有明文规定选举权平等原则，但两法的条文及法律精神实质上蕴含了这一原则。有关地方性法规则规定得更为明确，如《北京市居民委员会选举办法》（2021年修改）规定，"每一选民在一次选举中只有一个投票权"。该法规定的"每次选举所得的票数等于或者少于投票人数的，选举有效；多于投票人数的，选举无效"，实质上也是从另一角度保障每位有选举权的居民只能投票一次。

> 完善城乡社区民主选举制度，进一步规范民主选举程序，通过依法选举稳步提高城市社区居民委员会成员中本社区居民比例，切实保障外出务工农民民主选举权利。
>
> ——2017年6月12日《中共中央、国务院关于加强和完善城乡社区治理的意见》

（三）直接选举原则

直接选举，是指选民本人直接投票选举被选举人。间接选举，是指选民不直接选出被选举人，而是先选出自己的代表，然后由后者代表选民选出被选举人。直接选举是选民直接表达意愿，显然在其他条件不变的情况下，直接选举更有利于选民准确、及时地表达自己的意愿，也是世界各国加以推广的一种选举方式。

在我国，村民委员会的选举采取直接选举的形式。村民委员会组织法第十一条规定："村民委员会主任、副主任和委员，由村民直接选举产生。"根据法律规定，在村民直接选举中，还可直接提名候选人。村民委员会组织法第十五条规定:"选举村民委员会,由登记参加选举的村民直接提名候选人。"村民直接提名候选人可以单独提名,也可以联合提名。既可以提名一人,也可以提名多人。提名人选有一定的资格要求,村民委员会组织法第十五条规定

> 积极发展基层民主。基层民主是全过程人民民主的重要体现。健全基层党组织领导的基层群众自治机制,加强基层组织建设,完善基层直接民主制度体系和工作体系。
>
> ——摘自党的二十大报告

"村民提名候选人,应当从全体村民利益出发,推荐奉公守法、品行良好、公道正派、热心公益、具有一定文化水平和工作能力的村民为候选人。"当村民提名的候选人多余应选村民委员会成员时,可以组织开展预选,由村选举委员会组织有选举权的村民进行无记名投票,按得票多少确定参加选举的正式候选人。

城市居民委员会的选举采取以直接选举为主方式。居民委员会组织法第八条规定:"居民委员会主任、副主任和委员,由本居住地区全体有选举权的居民或者由每户派代表选举产生;根据居民意见,也可以由每个居民小组选举代表二至三人选举产生。"

(四)差额选举与等额选举相结合原则

在村民委员会成员的选举中实行差额选举原则。村民委员会组织法第十五条规定:"候选人的名额应当多于应选名额。"这意味着村民个人提名和联合提名的村民委员会成员候选人名额要多于应选出的村民委员会成员名额,即实行差额选举。需要明确的是,村民委员会成员包括主任、副主任、委员,这些人员都是由村民直接选举产生,

因此这里的"差额"是指委员会成员总数上必须有差额，还是主任、副主任、委员分别必须有差额？我们理解应当是分别对应的都有差额，即选举村委会主任一名，应至少提名两人；选举村委会副主任一名，应至少提名两人；如果委员应选五名，则至少提名六人。

在居民委员会成员的选举中，一般实行差额选举与等额选举相结合原则。居民委员会组织法没有对选举居民委员会成员是否实行差额选举做出明确规定。但各地一般都对此进行了规范。《北京市居民委员会选举办法》（2021年修改）规定，"居民委员会成员实行差额选举，正式候选人应当多于应选名额1至2人。如果提名的候选人与应选名额相等，也可以等额选举。"这一规定表明，在北京市选举居委员会成员，原则上实行差额选举，在一定情况下也可进行等额选举，也就是实行差额选举与等额选举相结合的原则。但有的地方明确规定实行差额选举原则。如《湖北省社区居民委员会选举办法》规定："居民委员会主任、副主任和委员候选人人数应当分别比应选名额至少多一人。"

（五）秘密投票原则

秘密选举亦称无记名投票选举，是选举中的一种表决方式，其基本特征是，选票上不注明选举人的姓名，选票由选举人亲自填写，而且可以在秘密投票处填写选票，选谁不选谁别人无从知道，并由选举人本人将选票投入特制的票箱。

村民委员会组织法第十五条第三款规定："选举实行无记名投票、公开计票的方法，选举结果应当当场公布。选举时，应当设立秘密写票处。"居民委员会组织法对是否实行秘密选举没有明文规定，但在地方立法中，都将秘密选举作为居民委员会会选举的一项基本制度。《北京市居民委员会选举办法》规定，"选举采取无记名投票的方式进行"。秘密选举作为一项基本制度，经历了一个逐步确立的过程。早在新民主主义革命时期，中国共产党领导广大劳动人民群众在各革命根据地范围内，就曾开展过一系列民主选举活动。这个时期的选举表决采用过烧香、投豆、举手、投票等表决方式。1953 年新中国第一部选举法采用的是举手与投票并用的表决方式。在选举制度不完善，尤其是选举人的文化程度普遍不高，参政经验普遍不足的情况下，采用上述表决方式有其客观必然性。但是，由于这类表决方式具有不同程度的公开性，不利于充分表达选举人的意志。经过多年的社会实践，我国的政治、经济、文化有了根本的发展，选举人的政治素质、文化程度普遍有所提高，采用秘密投票的表决方式已具备客观的可能性。因此，我国法律明确规定村（居）民选举实行秘密投票原则。秘密选举原则的确立，标志着我国选举制度民主化程度的进一步提高。实行秘密选举，有助于选民在不受外界干预和影响的情况下，更加自由地表达自己的意志，选举自己信任的人。

二、选举程序

选举程序是保障选民行使选举权的一系列步骤和制度的总和，主要包括组织成立选举机构、确定选民资格、进行选民登记、公布选民名单、提出候选人、开展介绍或宣传活动、进行初选或预选、规定投票制度、当选计票制度、确认当选、工作交接、选举总结等内容。

（一）村民委员会的选举程序

1.推选村民选举委员会

村民选举委员会主持村民委员会的选举。村民选举委员会由主任和委员组成，由村民会议、村民代表会议或者村民小组会议推选产生，实行少数服从多数的议事原则。村民选举委员会的人数应当根据村民居住状况、参加选举村民的多少决定，不少于三人，以奇数为宜。村民之间有近亲属关系的，不宜同时担任村民选举委员会成员。村民委员会应当及时公布选举委员会主任和委员名单，并报乡级人民政府或者乡级村民委员会选举工作指导机构备案。

村民选举委员会的任期，自推选组成之日起，至新老村民委员会工作移交后终止。村民选举委员会成员被提名为村民委员会成员候选人，应当退出村民选举委员会。村民选举委员会成员退出村民选举委员会或者因其他原因出缺的，按照原推选结果依次递补，也可以另行推选。村民选举委员会成员不履行职责，致使选举工作无法正常进行的，经村民会议、村民代表会议或者村民小组会议讨论同意，其职务终止。

村民选举委员会成员的变动，应当及时公布，并报乡级人民政府或者乡级村民委员会选举工作指导机构备案。

村民选举委员会主要履行以下职责：制定村民委员会选举工作方案；宣传有关村民委员会选举的法律、法规和政策；解答有关选举咨询；召开选举工作会议，部署选举工作；提名和培训本村选举工作人员；公布选举日、投票地点和时间，确定投票方式；登记参加选举的村民，公布参加选举村民的名单，颁发参选证；组织村民提名确定村民委员会成员候选人，审查候选人参选资格，公布候选人名单；介绍候选人，组织选举竞争活动；办理委托投票手续；制作或者领取选票、制作票箱，布置选举大会会场、分会场或者投票站；组织投票，主持选举大会，确认选举是否有效，公布并上报选举结果和当选名单；建立选举工作档案，主持新老村民委员会的工作移交；受理申诉，处理选举纠纷；办理选举工作中的其他事项。

村民委员会选举工作方案应当由村民会议或者村民代表会议讨论通过，并报乡级人民政府或者乡级村民委员会选举工作指导机构备案。

2. 选举宣传

村民选举委员会应当就以下内容开展宣传：宪法有关内容，《中华人民共和国村民委员会组织法》，本省（自治区、直辖市）有关村民委员会选举的法规；中央和地方有关村民委员会选举的政策和规定；村民委员会选举中村民的权利与义务；县、乡两级政府村民委员会选举的工作方案；本村选举工作方案；其他有关选举事项。村民选举委员会可以采取以下方式进行选举宣传：广播、电视、报纸、互联网等；宣传栏、宣传车、宣传单等；选举宣传会议、选举咨询站；标语、口号等。

3. 登记参加选举的村民

选民登记日前，村民选举委员会应当发布公告，告知本届村民委员会选举的选民登记日。村民委员会选举前，应当对下列人员进行登记，列入参加选举的村民名单：户籍在本村并且在本村居住的村民；户籍在本村，不在本村居住，本人表示参加选举的村民；户籍不在本村，在本村居住一年以上，本人申请参加选举，并且经村民会议或者村民代表会议同意参加选举的公民。已在户籍所在村或者居住村登记参加选举的村民，不得再参加其他地方村民委员会的选举。经村民选举委员会告知，本人书面表示不参加选举的，不列入参加选举的村民名单。依照法律被剥夺政治权利的人，不得参加村民委员会的选举。登记时，既可以村民小组为单位设立登记站，村民到站登记，也可由登记员入户登记。村民选举委员会应当对登记参加选举的村民名单进行造册。

4. 公布选民名单

村民选举委员会应当对登记参加选举的村民名单进行审核确认，并在选举日的二十日前公布。对登记参加选举的村民名单有异议的，应当自名单公布之日起五日内向村民选举委员会申诉，村民选举委员会应当自收到申诉之日起三日内作出处理决定，并公布处理结果。登记参加选举的村民名单出现变动的，村民选举委员会应当及时公布。

5. 发放参选证

选举日前，村民选举委员会应当根据登记参加选举的村民名单填写、发放参选证，并由村民签收。投票选举时，村民凭参选证领取选票。

6. 提名确定候选人

村民会议或者村民代表会议拟定村民委员会的职位和职数，村民选举委员会应当及时公布，并报乡级人民政府或者乡级村民委员会选举工作指导机构备案。村民选举委员会应当根据村民委员会主任、副主任、委员的职数，分别拟定候选人名额。候选人名额应当多于应选名额。村民委员会成员候选人，应当由登记参加选举的村民直接提名，根据拟定的候选人名额，按照得票多少确定。每一村民提名人数不得超过拟定的候选人名额。无行为能力或者被判处刑罚的，不得提名为候选人。候选人中应当有适当的妇女名额，没有产生妇女候选人的，以得票最多的妇女为候选人。

7. 公布候选人名单

村民选举委员会应当以得票多少为序，公布候选人名单，并报乡级村民委员会选举工作指导机构备案。候选人不愿意接受提名的，应当及时向村民选举委员会书面提出，由村民选举委员会确认并公布。候选人名额不足时，按原得票多少依次递补。村民委员会选举，也可以采取无候选人的方式，一次投票产生。

8. 候选人介绍与宣传

村民选举委员会应当组织候选人与村民见面，由候选人介绍履职设想，回答村民提问。村民选举委员会应当对候选人的选举材料进行审核把关。候选人在选举日可进行竞职陈述，其他选举活动不宜在当日开展。确有需要的，由村民选举委员会决定并统一组织。

村民选举委员会可以组织以下形式的选举活动：在指定地点公布候选人的选举材料；组织候选人与村民见面并回答村民问题；有闭路电视的村，可以组织候选人在电视上陈述；其他形式。选举材料和选举竞职陈述主要包括以下内容：候选人的基本情况；竞争职位及理由；治村设想；对待当选与落选的态度。

选举活动一般在选举日前进行。

9. 投票选举

村民委员会投票选举，可采取以下两种方式：召开选举大会和设立投票站。采取选举大会方式的，可以组织全体登记参加选举的村民集中统一投票，也可以设立中心选举会场，辅之以分会场分别投票。采取投票站方式的，不再召开选举大会，村民在投票站选举日开放时间内自由投票。选举大会可以设置流动票箱，但应当严格控制流动票箱的使用。具体投票方式，流动票箱的使用对象和行走路线，由村民代表会议讨论决定。

村民选举委员会应当及时公布选举日、投票方式、投票时间和投票地点。选举日和投票的方式、时间、地点一经公布，任何组织和个人不得随意变动和更改。如因不可抗力，或者无法产生候选人等因素，需要变更的，应当报乡级人民政府或者乡级村民委员会选举工作指导机构批准并及时公布。

登记参加选举的村民，选举期间外出不能参加投票的，可以委托本村有选举权的近亲属代为投票。每一登记参加选举的村民接受委托投票不得超过三人。提名为村民委员会候选人的，不得接受委托。委托投票应当办理书面委托手续。村民选举委员会应当及时公布委托人和受委托人的名单。受委托人在选举日凭书面委托凭证和委托人的参选证，领取选票并参加投票。受委托人不得再委托他人。

采取选举大会进行选举的，由村民选举委员会召集，村民选举委员会主任主持。流程如下：宣布大会开始；奏国歌；报告本次选举工作进展情况；宣布投票办法和选举工作人员；候选人发表竞职陈述；检查票箱；启封、清点选票；讲解选票；根据需要派出流动票箱；验证发票；秘密写票、投票；销毁剩余选票；集中流动票箱，清点选票数；检验选票；公开唱票、计票；当场公布投票结果；封存选票，填写选举结果报告单；宣布当选名单。投票结束后，应当将所有票箱集中，将选票混在一起，由选举工作人员逐张检验、清点选票总数后，统一唱票、计票。难以确认的选票应当由监票人在公开唱计票前提交村民选举委员会讨论决定。

采取投票站方式选举的，由村民选举委员会主持。流程如下：同时开放全部投票站；各投票站工作人员当众检查票箱，并启封、清点选票；验证发票；村民秘密写票、投票；关闭投票站，销毁剩余选票并密封票箱；集中票箱，清点选票数；公开验票、唱票、计票；当场公布选举结果；封存选票，填写选举结果报告单；宣布当选名单。

10. 选举确认

选举村民委员会，有登记参加选举的村民过半数投票，选举有效。参加投票的村民人数，以从票箱收回的选票数为准。有下列情形之一的，选举无效：村民选举委员会未按照法定程序产生的；候选人的产生不符合法律规定的；参加投票的村民人数未过登记参加选举的村民半数的；违反差额选举原则，采取等额选举的；收回的选票多于发出选票的；没有公开唱票、计票的；没有当场公布选举结果的；其他违反法律、法规有关选举程序规定的。

因村民选举委员会未按照法定程序产生而造成选举无效的，乡级村民委员会选举指导机构应当指导组织重新选举。因其他原因认定选举无效的，由村民选举委员会重新组织选举，时间由村民代表会议确定。

11. 确认当选

候选人获得参加投票的村民过半数的选票，始得当选。获得过半数选票的人数超过应选名额时，以得票多的当选。如遇票数相等不能确定当选人时，应当就票数相等的人进行再次投票，以得票多的当选。村民委员会主任、副主任的当选人中没有妇女，但委员的候选人中有妇女获得过半数选票的，应当首先确定得票最多的妇女当选委员，其他当选人按照得票多少的顺序确定；如果委员的候选人中没有妇女获得过半数选票的，应当从应选名额中确定一个名额另行选举妇女委员，直到选出为止，其他当选人按照得票多少的顺序确定。

选举结果经村民选举委员会确认有效后，须当场宣布，同时应当公布所有候选人和被选人所得票数。以暴力、威胁、欺骗、贿赂、伪造选票、虚报选举票数等不正当手段当选的，当选无效。村民选举委员会应当在投票选举当日或者次日，公布当选的村民委员会成员名单，并报乡级人民政府备案。村民选举委员会无正当理由不公布选举结果的，乡级人民政府或者乡级村民委员会选举工作指导机构应当予以批评教育，督促其改正。

12. 颁发当选证书

县级人民政府主管部门或者乡级人民政府，应当自新一届村民委员会产生之日起十日内向新当选的成员颁发统一印制的当选证书。

13. 另行选举

村民委员会当选人不足应选名额的，不足的名额另行选举。另行选举可以在选举日当日举行，也可以在选举日后十日内进行，具体时间由村民选举委员会确定。另行选举的，第一次投票未当选的人员得票多的为候选人，候选人以得票多的当选，但得票数不得少于已投选票数的三分之一。

另行选举的程序与第一次选举相同。参加选举的村民以第一次登记的名单为准，不重新进行选民登记。原委托关系继续有效，但被委托人成为候选人的委托关系自行终止，原委托人可以重新办理委托手续。经另行选举，应选职位仍未选足，但村民委员会成员已选足三人的，不足职位可以空缺。主任未选出的，由副主任主持工作；主任、副主任都未选出的，由村民代表会议在当选的委员中推选一人主持工作。

14. 选举后续工作

工作移交。村民委员会应当自新一届村民委员会产生之日十日内完成工作移交。原村民委员会应当依法依规将印章、办公场所、办公用具、集体财务账目、固定资产、工作档案、债权债务及其他遗留问题等，及时移交给新一届村民委员会。移交工作由村民选举委员会主持，乡级人民政府监督。对拒绝移交或者无故拖延移交的，乡级人民政府应当给予批评教育，督促其改正。

建立选举工作档案。村民委员会选举工作结束后，应当及时建立选举工作档案，交由新一届村民委员会指定专人保管，至少保存三年以上。选举工作档案包括：村民选举委员会成员名单及推选情况材料；村民选举委员会选举会议记录；村民选举委员会发布的选举公告；选民登记册；候选人名单及得票数；选票和委托投票书、选举结果统计、选举报告单；选举大会议程和工作人员名单；新当选的村民委员会成员名单；选举工作总结；其他有关选举的资料。

（二）居民委员会的选举程序

国家在居民委员会的选举程序方面没有制定具体明确的规范，有关规定较笼统，各地依照法律和政策，结合当地实际出台了具体措施。

1. 认真做好选举前的准备工作

建立健全工作领导机构。凡有居委会换届选举的地方，各级民政部门都要积极向同级党委、人大和政府汇报，在省、市、区、街道层面建议成立由党委、人大和政府领导挂帅，有关部门参与，民政部门组织协调的换届选举工作机构，并保证必要的工作人员和工作经费。要积极指导社区依照有关法律和政策规定组建社区选举委员会，推动选举工作有领导、有步骤、有秩序地开展。

2. 制定完善实施方案

市区、街道要在总结和巩固以往换届选举成功经验的基础上研究制定切实可行的换届选举工作实施方案。制定实施方案前要搞好摸底调查，全面掌握社区情况、居委会干部情况及群众关注的突出问题。要重点关注城乡结合部、撤村建居、外来人口聚集、新建住宅区等"难点"社区的选举，对流动人口参选、社区干部交叉任职、候选人竞争演讲等问题做出预案，确保换届选举顺利进行。在撤村建居的地方，凡农村集体经济改制没有完成的，选举时应适用村委会组织法的规定，不能适用居委会组织法的规定。

3. 组织开展选举培训

分级对民政系统工作人员进行培训，使他们熟悉有关法律、法规和政策，熟悉选举的各项程序和相关问题的处置方法，提高指导选举的工作能力。市区、街道要重点做好选举骨干人员的培训，使他们掌握组织选举的必备知识、选举中常见问题的处理方法和技巧，提高实际操作的规范化水平。培训要理论联系实际，以实际操练为重点。

4. 做好宣传动员工作

要通过行之有效的方式，对社区居民进行广泛深入的社会主义民主法制教育，激发他们参与社区居委会选举的热情，了解选举的基本程序，积极主动地参加选民登记和投票选举，同时要引导选民珍惜自己的民主权利，自觉抵制各种违法行为，真正把那些遵纪守法、办事公道、热心为居民服务的人选进居委会。

5. 扎实做好投票选举工作

认真做好选民登记工作。对人户分离的城镇居民，原则上要在经常居住地进行登记，对愿意参加户口所在地选举的，要尊重其自主选择的权利，但不得重复行使选举权利。对选派到社区工作的机关干部、复退军人和大学生，也要在尊重其意愿的基础上对其进行登记。对居住在本社区一年以上的外来务工经商人员，应认真听取其意见，尊重其意愿，凡愿意参加本社区选举的人员，并经社区选举委员会同意，应予以登记。对自愿放弃选民权利的社区居民，可不计算在本届选民数内。

6. 民主提名候选人

可以依据法律和有关政策提出候选人倡导性条件，但不得与宪法、法律相抵触。候选人居住的社区原则上应与其参选的社区一致。候选人要由居民提名产生，其人数应多于应选人数。有条件的社区要组织候选人与社区居民见面，向社区居民介绍自己的情况及社区治理方案，组织候选人开展有序竞争。坚决反对和抵制贿选。

7. 组织搞好投票选举工作

要严格按照选举程序组织投票，采用大会形式进行选举投票的，要维持好会场秩序。探索利用互联网、手机短信等现代技术和采用分时设立投票站的灵活做法组织投票选举。投票结束后，要公开唱票、计票。每个统计组由一个唱票员、一个计票员和两个监票员组成，分别负责唱票、计票和监票工作。对选举结果有争议的，由社区选举委员会民主裁定。

8. 做好换届选举的后续工作

搞好工作交接和建章立制工作。新一届居委会产生后，上届居委会要在街道办事处和社区选举委员会的指导监督下，及时办理工作交接手续，并把公章、财务账目、办公设备、服务设施等一并移交。及时指导居委会在原有的基础上进一步健全居民公约，规范民主决策、民主管理、民主监督程序，完善议事协商、共驻共建等制度，推动社区管理和服务工作有条不紊地进行。

> 基层干部是加强基层基础工作的关键。要关心和爱护广大基层干部，为他们创造良好工作和成长条件，保障他们的合理待遇，帮助他们深入改进作风，提高发展经济能力、改革创新能力、依法办事能力、化解矛盾能力、带领群众能力，引导他们扎根基层、爱岗敬业、争创一流。
>
> ——2015 年 6 月 16 日至 18 日习近平总书记在贵州调研时强调

9. 对新一届居委会成员进行培训

应对新当选的居委会成员分期分批进行岗位培训，使他们熟练掌握和运用社区建设的有关法律、法规和政策以及居委会的基本工作方法和相关技能，尽快适应新的岗位，进入新的工作角色。对连任的居委会成员不定期进行轮训。

10. 解决居委会成员工作报酬、福利待遇和工作条件等实际问题

对新当选人员，要落实他们的工作补贴和各种福利待遇，其报酬应不低于当地平均社会工资水平；对落选人员要做好思想工作，妥善解决好其生活保障问题。要逐步提高居委会工作经费标准，改善居委会工作用房和居民公益性服务设施等工作条件，确保居委会正常开展工作。

拉票贿选案

2017 年 7 月 26 日，某镇村"两委"换届办接到该镇群众举报，反映其村村民任某某存在拉票贿选问题。接到举报后，公安机关第一时间成立调查组开展调查。经查，7 月初，任某某在江某甲酒店吃饭时，与江某甲谈及村"两委"换届选举有关问题，江某甲提出帮助其竞选村主任。之后，任某某与江某甲、江某乙、江某丙等人多次商议，最终决定采取给村民发放鸡蛋的方式进行拉票。7 月 21 日和 26 日，任某某先后两次到批发超市购买 60 张鸡蛋票（凭 1 张票领取 1 箱鸡蛋），并自行到村民家中发放 21 张，其余 39 张则分给江某甲 17 张、江某乙 2 张、江某丙 5 张、任某 15 张，委托他们发放给村民，帮助其拉票。

公安机关查实上述事实后，根据相关法律规定，给予任某某、江某甲行政拘留 10 日并处罚款 500 元的行政处罚，给予江某乙、江某丙、任某行政拘留 5 日的行政处罚。

利用宗族势力操纵换届选举案

2016 年底，某村村"两委"换届选举时，该村原党支部书记马某山及本村村民杨某义、杨某林三人凭借家族人数多、掌控村内多数党员选票优势，向现任村支书马某礼许诺，帮其"操作"继续当选。同时作为条件，马某礼也要帮助马某山、杨某义、杨某林三人"操作"分别当选村会计、村主任及村监会主任，如未能兑现，就要向他们 3 人每人支付 5 万元，并让马某礼写下了 3 张欠条。马某礼当选村支书后，未能"兑现"马某山等 3 人的职位，马某山等 3 人便持欠条向马某礼索要"欠款"。马某礼在给了5万元后再无力支付，无奈之下选择了报警。

法院在查明事实后，2019年3月依法做出了判决。马某山因敲诈勒索罪，连同所犯其他罪行被判处有期徒刑15年，罚金3万元；杨某义以敲诈勒索罪，连同所犯其他罪行被判处有期徒刑11年，罚金2万元；杨某林以敲诈勒索罪，连同所犯其他罪行被判处有期徒刑2年，罚金5000元。

典型案例3：

以恐吓威胁方式妨碍他人行使选举权利案

2017年8月9日，某市公安机关接到当地群众栾某甲报警，称其村党支部书记栾某乙发短信威胁自己。接到报警后，公安机关迅速开展调查。经查，栾某乙因涉嫌违纪问题正被当地市纪委立案调查处理，因此不能被推荐为村委员会主任候选人初步人选。栾某乙认为自己的违纪问题系因栾某甲举报，遂对栾某甲怀恨在心。8月9日下午，栾某乙酒后发泄私愤，给栾某甲发送了10条手机短信进行辱骂威胁恐吓，严重干扰了栾某甲的正常生活。

2017年8月10日，公安机关在查明上述事实后，根据相关法律规定，给予栾某乙拘留3日的行政处罚。栾某乙违反党纪问题，经由纪检机关查实后也按照相关规定给予纪律处分。

典型案例4：

以损毁选票、抢夺票箱方式破坏选举案

2013年11月15日，某派出所接到群众报警，称某村开展村委会换届选举时，有村民破坏选举现场秩序。经民警调查核实，村民夏甲

酒后冲进选举现场，要求选举工作人员出示有效选票，之后对其中一张选票的有效性与选举工作人员发生口头争执，并抢走已封好的选票箱，将其砸向地面，导致选票散落一地。夏甲离开现场后，饮酒后的夏乙则以污物损毁散落在地的选票，并当众吹嘘自己的行为。

2013年11月16日，经公安机关调查后，给予夏甲、夏乙行政拘留6日的处罚。

典型案例5：

随意承诺进行拉票贿选案

2021年3月，某村村民周某为达到当选村主任的个人目的，自行编写了"小字报"，声称参加"两委"换届选举，并承诺当选村委会主任后，为提高村民生活将给每位村民1000元现金等内容，并于3月22日早5点在村委会办公室及村内道路两旁的电线杆上张贴了7张，同时，还采取进门入户的方式，给村民塞小纸条20多张，承诺如果自己当选后，完不成"小字报"承诺的内容，就马上下台。

3月25日，经公安部门调查，依照《治安管理处罚法》规定，对周某破坏选举秩序行为依法处以罚款。

典型案例6：

以编造、散布虚假消息方式干扰换届选举案

2011年3月13日，某村党员在一论坛反映该乡一名副乡长在该村党支部换届选举中违规操作。县委组织部门发现后立即对该村选举工作进行调查。3月16日晚上，该村另一名党员潘某因为对选举的一些事情不满，在论坛上以"县委组织部"名义注册账号，虚构"该村党支部选举情况"及"县里工作组已经对该乡副乡长进行立案调查处

理"等内容，对上述帖子进行跟帖，以县委组织部名义发布一篇公告，误导网民。

县纪委、组织部、公安局联合进行了调查，潘某对冒用组织部名义发帖的事实供认不讳，承认内容纯属捏造。潘某因散布谣言、扰乱换届秩序被公安机关依法行政拘留7日，并被县纪委立案处理。

典型案例7：

以捏造事实、诬告陷害方式破坏选举秩序案

2015年7月19日，某村村"两委"换届选举工作领导小组办公室先后接到2名举报人借用他人电话拨打的举报电话，反映其村村干部李某甲为竞选下届村干部，向本村部分党员每人发放现金200元，邀请部分党员到饭店喝酒，并给其他党员送礼品等方式进行拉票。接到举报后，上级第一时间成立调查组进行调查。经核实，举报人李某丙和李某丁分别为该村村干部李某乙的侄子和外甥女。据二人供认，李某乙听说李某甲今年有竞选村干部的打算，担心自己落选，便捏造李某甲拉票贿选的信息，指使其在外地居住的侄子、外甥女进行举报，借此打压竞争对手。

公安机关根据调查情况，认定李某乙、李某丙、李某丁3人捏造、歪曲事实，诬告诬陷他人，按照《中华人民共和国治安管理处罚法》相关规定，依法给予李某乙行政拘留7日，李某丙、李某丁行政拘留5日的处罚。

典型案例8：

以聚众闹事方式破坏选举秩序案

2018年10月6日下午，某村杨某向、杨某武等人因对该村村委

会候选人资格不满，商量用上锁、车堵村委会大门的方式向镇政府工作人员讨要说法，并于当晚买锁将村委会大门锁住，10 月 7 日早晨 5 时许，杨某武等人又将 3 辆轿车停放在村委会大门口，阻碍选举人员进出。

杨某向、杨某武身为中共党员，严重扰乱选举秩序。经镇纪委立案审查，并经镇党委研究决定，分别给予杨某向、杨某武党内严重警告处分。

典型案例 9：

以擅自打印候选人名单等非组织活动方式扰乱选举秩序案

2011 年 4 月，某村党员韩某甲为帮助非候选人建议人选韩某乙参选村委职务，参照镇换届选举办公室批复的候选人建议名单样式，模仿印制了 1500 份《关于某村委会候选人建议名单》，擅自将韩某乙等 3 人分别列为副主任、村委委员候选人建议人选，并于当天下午找 8 名村护管员将名单派发到各村民家里，派发期间遭到村民举报而被制止。韩某甲擅自印制的候选人建议名单与镇党委批复的名单内容不一、样式类似，造成该村约 300 名村民误解，并于 4 月 17 日到镇政府上访，村委选举不能如期顺利进行。

韩某甲的行为严重违规违纪，在群众中产生了恶劣影响。2011 年 5 月，经市纪委调查后，给予韩某甲留党察看一年处分。

三、罢免与补选

罢免村（居）民委员会成员是村（居）民行使民主权利，参与基层群众自治的重要手段，赋予村（居）民罢免权，有利于加强和改进基层治理，深化民主选举、民主协商、民主决策、民主管理和民主监督。

（一）村民委员会成员的罢免

村民委员会组织法第十六条规定："本村五分之一以上有选举权的村民或者三分之一以上的村民代表联名，可以提出罢免村民委员会成员的要求，并说明要求罢免的理由。被提出罢免的村民委员会成员有权提出申辩意见。罢免村民委员会成员，须有登记参加选举的村民过半数投票，并须经投票的村民过半数通过。"

根据上述规定，启动罢免程序需要本村五分之一以上有选举权的村民或者三分之一以上的村民代表联名，才可以提出罢免村民委员会成员的要求。规定这么严格的罢免启动程序，一是考虑到村民委员会成员的当选是经过半数以上村民同意的，二是罢免是对村民委员会成员最严厉的监督方式，对村民委员会成员有重大影响，因此应当慎重，所以法律作了比较严格的规定。

村民委员会成员罢免程序如下：书面向村民委员会提出罢免要求，说明罢免理由；召开村民代表会议，审议罢免要求；被罢免对象进行申辩或者书面提出申辩意见；召开村民会议，进行投票表决；公布罢免结果。

罢免村民委员会主任的，由副主任主持村民会议投票表决，不设副主任的，由委员推选一人主持；罢免村民委员会副主任、委员的，由村民委员会主任主持。罢免村民委员会全体成员的，或者主任、副主任、委员不主持村民会议的，可在乡级人民政府指导下，由村民会议或者村民代表会议推选代表主持。

罢免村民委员会成员，须有登记参加选举的村民过半数投票，并须经投票的村民过半数通过。罢免获得通过的，被罢免的村民委员会成员自通过之日起终止职务，十日内办理工作交接手续。罢免未获通过的，六个月内不得以同一事实和理由再次提出罢免要求。

（二）居民委员会成员的罢免

居民委员会组织法第十条第三款规定："居民会议有权撤换和补选居民委员会成员。"该条款赋予了居民罢免居民委员会成员的权利，但是比较笼统。

在地方性法规中，一般会对居民委员会成员罢免的具体条件和程序做出相应规定。

1. 罢免的提出

《湖北省居民委员会选举办法》规定，本社区五分之一以上的有选举权的居民或者三分之一以上的居民代表（含驻社区单位代表）联名，可以以书面形式向居民委员会和街道办事处（乡镇人民政府）提出罢免居民委员会成员的要求，并说明要求罢免的理由。《北京市居民委员会选举办法》则规定，有 10 名以上居民代表或者十分之一的户代表联名，可以要求罢免居民委员会成员。

2. 罢免的理由

各地对罢免居民委员会成员的理由规定有所不同。《湖北省居民委员会选举办法》规定，居民提出罢免，仅需要提出罢免理由的即可，至于什么理由《办法》没有作出规定。但是对于街道办事处（乡镇人民政府）建议罢免的，则提出了明确要求，即居民委员会成员有下列情形之一的，方可提出书面罢免建议：（1）违反法律、法规，不适合继续担任居民委员会成员的；（2）失职、渎职造成重大损失或者严重后果的；（3）无正当理由连续一个月以上或者一年内累计达到三十日以上不参加居民委员会工作的。需要强调的是，罢免的提出，街道办事处（乡镇人民政府）只有建议权没有决定权，只有一定数量的居民才有权依法提出罢免。《北京市居民委员会选举办法》对罢免居民委员会成员提出了一定限制，即居民对违法或者严重失职的居民委员会成员，有权提出罢免意见。

3. 被罢免人申辩

被罢免人的申辩权应当得到保护。地方性法规对此作出了明确规定。如北京市规定，居民会议在讨论罢免建议时，提出罢免建议者应当到会回答问题。被要求罢免的人有权出席会议并申诉意见。湖北省规定得更明确具体，居民委员会应当自接到罢免要求书或者罢免建议书之日起的一个月内召开居民会议。同时规定，被提出罢免要求或者罢免建议的居民委员会成员有权出席会议，进行申辩或者提出书面申辩意见。

4. 投票表决

居民委员会应当及时召开居民会议，进行投票表决。必要时，街道（地区）办事处、乡（镇）人民政府可以召集居民会议，进行投票表决。湖北省明确要求"居民委员会应当自接到罢免要求书或者罢免建议书之日起的一个月内召开居民会议，投票表决罢免要求或者罢免建议"。

湖北省进一步规定，罢免居民委员会成员，须有登记参加选举的居民、户代表过半数或者三分之二以上的居民代表（含驻社区单位代表）参加投票，并须经参加投票的居民、户代表或者居民代表（含驻社区单位代表）过半数通过。罢免获得通过的，被罢免的居民委员会成员自通过之日起终止职务，十日内办理工作交接手续。罢免未获得通过的，居民、居民代表（含驻社区单位代表）或者街道办事处（乡镇人民政府）在六个月以内不得以同一事实和理由再次提出罢免要求或者罢免建议。

5. 公告与备案

罢免结果应当予以公告，并报街道办事处（乡镇人民政府）和区（市、县）人民政府民政部门备案。

（三）村民委员会成员的补选

村民委员会组织法第十九条规定："村民委员会成员出缺，可以由村民会议或者村民代表会议进行补选。补选程序参照本法第十五条的规定办理。补选的村民委员会成员的任期到本届村民委员会任期届满时止。"

因此，村民委员会成员出缺可以由村民会议或者村民代表会议进行补选。这与村民委员会成员的选举不同，村民委员会成员的选举，必须由有选举权的全体村民选举产生，不能由村民代表会议进行选举。

村民委员会成员出缺的原因有：职务自行终止；辞职；罢免。村民委员会成员因死亡、丧失行为能力、被判处刑罚或者连续两次民主评议不称职，其职务自行终止。村民委员会成员因故辞职，应当书面提出申请，村民委员会应当在三十日内召开村民代表会议，决定是否接受其辞职。村民委员会成员连续两次提出辞职要求的，应当接受其辞职。村民代表会议可以决定对辞职的村民委员会成员进行离任经济责任审计。

补选程序，参照村民委员会选举投票程序。补选村民委员会个别成员的，由村民委员会主持；补选全体村民委员会成员的，由重新推选产生的村民选举委员会主持。补选时，村民委员会没有妇女成员的，应当至少补选一名妇女成员。

村民委员会成员职务自行终止、因故辞职，以及补选结果，村民委员会应当及时公告，并报乡级人民政府备案。

（四）居民委员会成员的补选

居民委员会组织法对居民委员会成员的补选没有作出明确规定，一般由地方根据上位法精神，结合具体实际情况，以法规、规章、办法、规定等形式来明确具体条件和程序。

一般而言，居民委员会成员由于被罢免、辞职、职务自行终止等原因出缺的，可以按照地方居民委员会具体选举办法规定的程序进行补选。补选居民委员会成员，在街道办事处（乡镇）党（工）委和社区党组织的领导下，由居民委员会主持召开居民会议或者居民代表会议，按照空缺职务和缺额进行投票选举。居民会议、居民代表会议应当依据具体选举办法规定的程序，按照相应的选举方式召集半数以上的居民、户代表或者居民代表参加投票，候选人获得过半数选票，始得当选。补选的结果应当及时公告，并报街道办事处（乡镇人民政府）和区（市、县）人民政府民政部门备案。通过补选担任居民委员会成员的，其任期到本届社区居民委员会任期届满止。出缺后，居民委员会成员在三人以上，距离居民委员会换届选举时间不足一年且不影响工作的，可以不进行补选。

典型案例：

涉恶村民委员会委员被罢免

2019 年 4 月 14 日，双清区石桥街道白马村 909 位村民参加投票，最终以 862 票赞成票依法罢免了白马村村民委员会委员宋某明。双清区委组织部、区民政局以及石桥街道相关负责人对整个投票过程进行监督。

2017 年 3 月 4 日至 4 月 24 日，以宋某明为纠集者的恶势力违法犯罪组织以挖断水管为由，要求邵阳市南方建设工程公司赔偿 1 万元，还以青苗费、设施费赔偿未到位为由，多次采取拦车的方式，阻止该公司的正常施工，并多次强拿硬要。期间，宋某明等人组建所谓的劳务公司，宋某明为法人。

因涉嫌寻衅滋事，2019 年 2 月 2 日，宋某明被双清公安分局批准刑事拘留，宋某明随即潜逃。因该涉恶团伙犯罪性质恶劣，影响较大，加之宋某明连续两个多月旷工未到村里履职，4 月初，经白马村村民代表大会讨论，联名提请罢免宋某明的白马村村民委员会委员职务。依据《湖南省村民委员会选举规程》有关规定，白马村依法启动罢免程序。4 月 14 日，该村 909 位村民参加投票，超过该村登记有表决权的村民总数的半数以上，符合法律规定。在 909 位村民中，有 862 人投票赞成罢免宋某明的村民委员会委员职务，罢免获得通过。

第四章 村（居）民委员会

一、村（居）民委员会的组成、任期

宪法第一百一十一条规定："城市和农村按居民居住地区设立的居民委员会或者村民委员会是基层群众性自治组织。居民委员会、村民委员会的主任、副主任和委员由居民选举。居民委员会、村民委员会同基层政权的相互关系由法律规定。"可见，在我国，城市和农村的基层群众自治组织分别为居民委员会和村民委员会两种形式。这反映了我国城乡二元结构的社会现实。

（一）村民委员会的组成

村民委员会组织法第六条规定："村民委员会由主任、副主任和委员共三至七人组成。村民委员会成员中，应当有妇女成员，多民族村民居住的村应当有人数较少的民族的成员。"理解这一规定应把握好以下三点：

一是村民委员会的成员应为三至七人。村委会的成员既不宜过多，也不宜过少。村委会由多少人组成比较合适，主要应当考虑两个因素：一是便于自治，能够完成村委会作为自治组织的各项任务；二是要尽量减轻农民的负担。之所以要对村委会成员的数量规定一个幅度，是由于我国农村地域辽阔，各地区经济、社会发展很不平衡，村的自然条件及村民的人口数量、居住状况差别也很大，相应地，村委会所承担的工作量也就不同。一般来说，村民多，居住分散，村委会承担任务重的，村委会成员应当多一些；村民少，居住集中，村委会承担任务轻的，村委会成员可以少一些。村委会成员少的可以为三人，多的可以达到七人，但不能少于三人，也不能多于七人。具体人数，各地可以根据本地的实际情况予以确定。为了便于讨论决定问题，村委会成员应为单数。

二是村民委员会成员中应当有妇女。我国宪法第四十八条规定："中华人民共和国妇女在政治的、经济的、文化的、社会的和家庭的生活等各方面享有同男子平等的权利。国家保护妇女的权利和利益，实行男女同工同酬，培养和选拔妇女干部。"妇女权益保障法第二条规定："妇女在政治的、经济的、文化的、社会的和家庭的生活等各方面享有同男子平等的权利。"村委会组织法对于村民委员会成员中应当有妇女成员的规定是对宪法和其他有关法律的具体化。在

> 妇女权益是基本人权。我们要把保障妇女权益系统纳入法律法规，上升为国家意志，内化为社会行为规范。要增强妇女参与政治经济活动能力，提高妇女参与决策管理水平，使妇女成为政界、商界、学界的领军人物。
>
> ——2015年9月27日习近平在全球妇女峰会上的讲话

有关地方性法规中，对成员中应当有妇女都会作出明确规定。如贵州省规定"村民委员会成员中，至少有一名妇女成员"。北京市也规定"村民委员会由主任、副主任和委员共三至七人组成，至少有一名妇女成员。"

三是多民族村应当有人数较少民族的成员。我国是统一的多民族国家。除汉族外，全国有55个少数民族。在长期历史发展过程中，

我国各族人民共同创造了祖国光辉灿烂的文化，在反对帝国主义侵略和反动统治阶级压迫剥削的革命斗争中，在社会主义革命和社会主义建设的斗争中，都作出了很大的贡献。在同呼吸、共命运的革命斗争和长期的经济文化交流过程中，各民族人民之间形成了血肉不可分离的联系。党的民族政策一贯主张，国内各民族不分大小一律平等，实行民族平等、民族团结和各民族共同繁荣的政策。新中国成立后，党

> 民族团结是我国各族人民的生命线，中华民族共同体意识是民族团结之本。要紧紧抓住铸牢中华民族共同体意识这条主线，深化民族团结进步教育，引导各族群众牢固树立休戚与共、荣辱与共、生死与共、命运与共的共同体理念，不断巩固中华民族共同体思想基础，促进各民族在中华民族大家庭中像石榴籽一样紧紧抱在一起，共同建设伟大祖国，共同创造美好生活……
> ——2022 年 3 月 5 日习近平在参加内蒙古代表团审议时的讲话

和国家根据我国历史情况和民族关系以及民族分布状况，制定了在少数民族聚居的地方实行民族区域自治的政策。这一政策作为我们国家的一项重要制度，庄严地载入了宪法和民族区域自治法，受到各族人民的心拥护。宪法第四条规定："中华人民共和国各民族一律平等。国家保障各少数民族的合法的权利和利益，维护和发展各民族的平等团结互助和谐关系。"由于历史的原因，民族分布状况形成了大杂居、小聚居的局面，即使是人口较多的少数民族，也是聚居的少，分散杂居的多，形成了你中有我、我中有你、互相融合、互相依存的关系。在我国农村中，多民族村民居住的村有相当数量。有的村有几个民族的村民居住，各民族的风俗习惯和利益存在一定差异。在村民委员会成员中，如果没有人数较少的民族的成员，就不便于村民委员会开展工作，不便于村民实行自治。因此，在多民族村民居住的村民委员会，

应当有人数较少的民族的成员。这样在村民自治中，各民族村民都有村民委员会的成员，有利于教育村民加强民族团结、互相帮助、互相尊重。在这里应当注意的是村民委员会组织法中"多民族村民居住的村应当有人数较少的民族的成员"，既包括在汉族村民集中的村中，应有少数民族村民担任村民委员会成员，也包括在一个或多个少数民族聚居的村中，应有人数较少的汉族或其他民族的村民担任村民委员会成员。在地方性法规特别是少数民族较多省份的地方性法规中，对多民族村村民委员会成员作了比较明确具体的规定。如《贵州省村民委员会选举办法》规定，"多民族居住的村应当有人数较少的民族的成员，几个自然村寨联合设立村民委员会的，其成员分布应当兼顾村寨状况。"

村民委员会组织法第七条规定："村民委员会根据需要设人民调解、治安保卫、公共卫生与计划生育等委员会。村民委员会成员可以兼任下属委员会的成员。人口少的村的村民委员会可以不设下属委员会，由村民委员会成员分工负责人民调解、治安保卫、公共卫生与计划生育等工作。"关于机构组成的内容，将在后文村（居）民委员会的活动原则和工作机构一节中予以介绍。

（二）居民委员会的组成

居民委员会组织法第七条规定："居民委员会由主任、副主任和委员共五至九人组成。多民族居住地区，居民委员会中应当有人数较少的民族的成员。"理解这一规定应把握好以下几点：

一是居民委员会成员为五至九人。法律规定的居民委员会组成人员人数比村民委员会组成人员人数要多，原因在于，改革开放以来，随着市场经济和城镇化的快速发展，流动人口迅猛增加，外来流动人口在城市社区中的比重越来越大。第七次全国人口普查数据显示，居住在城镇的人口为 90199 万人，占 63.89%，与 2010 年相比，城镇人口增加 23642 万人。全国人口中，人户分离人口为 49276 万人，其中，市辖区内人户分离人口为 11694 万人，流动人口 37581 万人。与 2010 年第六次全国人口普查相比，人户分离人口增加 23137 万人，增长 88.52%；市辖区内人户分离人口增加 7698 多万人，增长 192.66%；流动人口增加 15439 万人，增长 69.73%。可见，人户分离的现象已经越来越普遍，社会流动的规模已经越来越大，跨地区的流动已经成为一种常态。大量的外来农民工涌入大中城市，一个人从农村迁入城镇生活和工作，并不等于适应和融入了城镇，只有通过社区建设，才能帮助城镇新居民更快地适应和融入城镇，培育和养成城镇所需要的思想感情、生活习惯和工作能力。同时，由于城市流动人口迅猛增加，造成城市住宅、教育、医疗以及供水供电、交通通信、生态环境等基础设施建设超负荷运转，城市居民和流动人口的民生问题凸显。事实表明，流动人口增多带来的诸多问题，仅仅依靠政府的行政性力量难以解决，必须充分发挥社区的力量，加强社区建设。因此，法律规定社区居民委员会一般配置 5 至 9 人。

对于社区人口较多、社区管理和服务任务较重的社区居民委员会还可适当增加若干社区专职工作人员。社区专职工作人员面向社会公开招聘，优先安排符合岗位要求的就业困难人员，其配备比例、招聘办法及专业服务机构的设置标准由市（地）级人民政府或各省、自治区、直辖市人民政府确定。提倡社区党组织班子成员、社区居民委员会成员与业主委员会成员交叉任职，社区居民委员会下属的委员会和居民小组的负责人可以由社区居民推选产生，也可以由社区居民委员会成员或社区专职工作人员经过民主程序兼任。鼓励社区民警、群团组织负责人通过民主选举程序担任社区居民委员会成员。鼓励党政机关和企事业单位优秀年轻干部到社区居民委员会帮助工作或建立经常性联系制度，鼓励高校毕业生、复转军人等社会优秀人才到社区担任专职工作人员，鼓励党政机关、企事业单位在职或退休党员干部、社会知名人士以及社区专职工作人员参与社区居民委员会选举，经过民主选举担任社区居民委员会成员。

二是居民委员会成员应有妇女。居民委员会组织法没有明确要求居民委员会成员必须要有妇女。但在有的地方性法规中对此作出了明确规定，如《西藏自治区实施〈中华人民共和国城市居民委员会组织法〉办法》规定，"居民委员会成员中，妇女应有适当的名额"。实际上，根据宪法规定精神，作为自治性组织的居民委员会，应当与村民委员会一样，应有妇女同志参加。从实际情况看，城市里的居民委员会成员中，妇女同志往往占相当比例。

（三）村（居）民委员会的任期

村民委员会组织法第十一条第二款规定："村民委员会每届任期五年，届满应当及时举行换届选举。村民委员会成员可以连选连任。"居民委员会组织法第八条规定："居民委员会每届任期五年，其成员可以连选连任。"可见，村（居）民委员会的任期均为五年。

从实践看，在 2018 年以前的村民委员会组织法、居民委员会组织法中，规定村民委员会、居民委员会每届任期为三年。2017 年 10 月 24 日通过的《中国共产党章程》规定，党的基层委员会、总支部委员会、支部委员会每届任期 3 年至 5 年。为贯彻落实党章规定，中共中央办公厅印发《关于党的基层组织任期的意见》，进一步明确，村和社区党的委员会、总支部委员会、支部委员会每届任期为 5 年。同时，随着经济社会发展，城乡社区治理、基层公共事业建设的任务越来越重，村委会、居委会换届频繁，较难制定和实施长远规划，也不便与基层政府工作对接。适当延长村委会、居委会任期，有利于保持基层群众性自治组织负责人队伍相对稳定，有利于促进村和社区公共事业健康有序发展。为贯彻落实党中央重大决策部署，做好与有关文件的衔接，积极适应经济社会发展过程中出现的新情况，2018 年 12 月第十三届全国人民代表大会常务委员会第七次会议对村民委员会组织法、居民委员会组织法进行了修订，将村民委员会、居民委员会的任期由 3 年改为 5 年，与村和社区党的委员会、总支部委员会、支部委员会的任期保持一致。

村（居）民委员会五年任期届满，应该及时进行换届选举。未经批准，无故拖延选举的，要追究乡镇党委和政府与村党组织、村民委员会主要责任人的责任。村（居）民委员会成员可以连选连任，不仅可以激励村（居）民委员会成员在任期内热心为村民服务办好事、办实事，努力作出工作成绩，争取下届连任，而且可以保持村（居）民委员会的连续性、稳定性和积累工作经验，这对于加强村（居）民委员会的组织建设，无疑将起到积极作用。村民委员会成员连选连任，到底可以连任多少届，法律没有限定次数。只要村民拥护，本人原意，就可以连任。我国农村、社区有许多从实践中脱颖而出的能人，深受村（居）民信任，在村、社区工作十几年甚至几十年，为村（居）的建设作出了重要贡献。因此，连选连任，有利于村民（居）委员会保留、吸纳优秀人才。

二、村（居）民委员会的职责

村（居）民委员会是基层群众自治组织，担负着自我管理、自我教育、自我服务、自我监督的职责，主要办理公共事务和公益事业。作为群众性自治组织，村民委员会组织法、居民委员会组织法对其职责做出了明确规定，各地的地方性法规也结合当地实际进一步作出具体规定。

（一）村民委员会的职责

村民委员会组织法第二条规定："村民委员会办理本村的公共事务和公益事业，调解民间纠纷，协助维护社会治安，向人民政府反映村民的意见、要求和提出建议。"第七条规定："村民委员会根据需要设人民调解、治安保卫、公共卫生与计划生育等委员会。村民委员会成员可以兼任下属委员会的成员。人口少的村的村民委员会可以不设下属委员会，由村民委员会成员分工负责人民调解、治安保卫、公共卫生与计划生育等工作。"第八条规定："村民委员会应当支持和组织村民依法发展各种形式的合作经济和其他经济，承担本村生产的服务和协调工作，促进农村生产建设和经济发展。村民委员会依照法律规定，管理本村属于村农民集体所有的土地和其他财产，引导村民合理利用自然资源，保护和改善生态环境。村民委员会应当尊重并支持集体经济组织依法独立进行经济活动的自主权，维护以家庭承包经营为基础、统分结合的双层经营体制，保障集体经济组织和村民、承包经营户、联户或者合伙的合法财产权和其他合法权益。"第九条规定："村民委员会应当宣传宪法、法律、法规和国家的政策，教育和推动村民履行法律规定的义务、爱护公共财产，维护村民的合法权益，发展文化教育，普及科技知识，促进男女平等，做好计划生育工作，促进村与村之间的团结、互助，开展多种形式的社会主义精神文明建设活动。村民委员会应当支

> 村民委员会要履行基层群众性自治组织功能，增强村民自我管理、自我教育、自我服务能力。
>
> ——2019 年 6 月 23 日中共中央办公厅、国务院办公厅印发《关于加强和改进乡村治理的指导意见》

持服务性、公益性、互助性社会组织依法开展活动，推动农村社区建设。多民族村民居住的村，村民委员会应当教育和引导各民族村民增进团结、互相尊重、互相帮助。"以上条款对村民委员会的职责从组织建设、发展经济、社会事务、精神文明建设、资源保护、财产管理、生态文明建设、乡村善治等方面作出了具体规定。

村民委员会的主要职责有：

1. 办理本居住地区的公共事务和公益事业

公共事务是指与本村全体村民生产和生活直接相关的事务。公益事业是指本村的公共福利事业。两者有所不同，但又不可截然分开。在实际工作中，村民委员会兴办的公共事务和公益事业主要有：修桥建路、修建码头、兴修水利，兴办学校、幼儿园、托儿所、敬老院，植树造林、整理村容、美化环境，扶助贫困、救助灾害等。

村民委员会办理公共事务和公益事业要注意以下几点：

第一，要着眼于解决村民生产和生活中存在的实际困难。在实际生活中，虽然各地发展水平不同，村民需求不同，但难免存在这样那样的不便，如行路难、吃水难、小孩入学入托难、老人照看难等。兴

办公共事务和公益事业要从村民的实际需要和困难中选取项目，想村民之所想，急村民之所急。

第二，要实事求是，量力而行。总的来说，我国农村多数地方还不发达，需要办理的公共事务和公益事业很多，但经济能力有限。这就需要从本村的实际情况出发，根据本村村民的生产、生活和经济发展的需要，考虑本村经济和村民的承受能力，决定办理的事项。

第三，要坚持民主自愿的原则。按照民主集中制的原则，由村民决定要办什么，不办什么，先办什么，后办什么。经过充分发扬民主，由村民讨论决定的事情，村民自觉自愿、同心协力去办，遇到困难共同解决。

2. 调解民间纠纷

调解民间纠纷是村民委员会的一项重要的经常性工作。这项工作主要由村民委员会下设的调解委员会完成。在日常生活中，由于各种利益的冲突，邻里之间、家庭内部、村民之间，不可避免地会发生一些纠纷。如婚姻、家庭、继承、房屋、财产、借贷、宅基地、买卖、委托、保管、水利、土地、山林、损害赔偿等纠纷，还有一些轻微违法的刑事纠纷。村民之间发生的这些纠纷，并不是根本利益的对立和冲突，往往是因为某种局部或者暂时的利益引起的纠纷，但如不及时调解，或者调解不当，就会引起矛盾

在社会基层坚持和发展新时代"**枫桥经验**"，完善正确处理新形势下人民内部矛盾机制，加强和改进人民信访工作，畅通和规范群众诉求表达、利益协调、权益保障通道，完善网格化管理、精细化服务、信息化支撑的基层治理平台，健全城乡社区治理体系，及时把矛盾纠纷化解在基层、化解在萌芽状态。

——摘自党的二十大报告

的激化，甚至发生刑事案件。在实际中，因为一些小的纠纷没有及时化解而引起的斗殴、凶杀、放火、投毒等恶性案件的事例，并不鲜见。因此，及时调解和妥善处理民间纠纷是非常重要的。由于民间纠纷是大量的，单靠司法机关处理难以及时解决，有些纠纷也不宜由司法机关去解决。村民委员会是村民自己选举产生的，受到村民的信赖，在村民中享有威信，并且对本村的情况和人际关系比较熟悉，有条件及时调解和解决纠纷，制止矛盾的发展，避免矛盾的激化。

村民委员会调解民间纠纷，坚持以下原则：

第一，依法调解。依照法律、法规、规章和政策进行调解，对于没有相关规定的，可依据社会公德进行调解。

第二，遵循自愿平等原则。村民委员会进行调解应当遵循自愿平等原则，要在双方自愿的基础上进行调解。要在查明事实、分清是非的基础上，讲道理、论利害，晓之以理、动之以情，充分说理，耐心疏导，帮助当事人消除隔阂，互相让步，达成协议。不论纠纷如何解决，都必须出于双方当事人的自觉自愿。

第三，尊重当事人的诉讼权利。不得把调解作为起诉的必经程序，以未经调解或者调解不成而阻止当事人向人民法院起诉，侵犯公民享有的诉讼权利。对于经过反复调解达不成协议的，可以告知当事人向人民法院起诉。

3. 协助维护社会治安

在我国，维护社会治安，保证人民的生命财产安全，维护正常的社会秩序和经济秩序，是公安行政管理机关的一项重要职责。但是，在我们这样一个人口众多、地域辽阔的大国，仅靠公安机关来维护社会治安是不够，必须动员和组织广大人民群众参加社会治安工作。因此，法律赋予村民委员会协助人民政府维护社会治安的任务。村民委员会的这一任务主要是通过下设的治安保卫委员会来完成的。

村民委员会协助维护社会治安，主要有三项工作：

第一，加强治安防范工作。最大限度地减少犯罪的发生，实行"防打结合，以防为主"的方针，更好地维护社会秩序。

第二，加强法治教育宣传。广泛开展法治宣传和教育工作，使村民懂得国家的法律允许做什么，禁止做什么；哪些行为是正当的，哪些行为是违法的，提高村民的法律意识和法治观念。

第三，深入开展社会治安综合治理工作。协助有关部门，对被依法剥夺政治权利的村民进行教育、帮助和监督。积极做好教育、感化和挽救失足青少年的工作。同时，注重培养村民的社会正义感，使村民敢于同违法犯罪现象作斗争，让人人都来参与维护社会治安。

4. 向人民政府反映村民的意见、要求和提出建议

村民委员会是村民与人民政府之间的纽带和桥梁。村民委员会成员来自于村民，生活在村民之中，熟悉情况，了解群众的意愿和心声。村民委员会反映意见、建议和要求，主要是向乡、镇人民政府，但又不限于乡、镇人民政府，还可以向县以至县级以上的各级人民政府反映意见和要求。由村民委员会反映村民的意见、要求和建议，可以集中各方面的意见，比较容易引起重视，使问题得到解决，也可以解决有些村民文化素质低，不知道如何反映意见的问题。通过反映村民的意见、要求和提出建议，使上下沟通，下情上达，可以使人民政府及时发现、研究和解决村民在生产生活中存在的各种问题；可以使各级

政府的工作都建立在充分了解下情的基础上，避免决策失误；可以加强对各级国家机关和国家工作人员的监督，及时发现问题，克服缺点、错误；可以及时发现国家工作人员中的违法失职行为，使违法行为得到及时处理，加强廉政建设；更重要的是可以吸引亿万农民关心国家大事，密切人民政府同广大群众的联系，广泛调动他们的积极性。

按照法律的原则性规定，结合基层实践，村民委员会的职责还包括：宣传和贯彻宪法、法律、法规和国家政策，教育引导村民依法行使权利、履行义务，遵守并组织实施村民自治章程和村规民约，维护村民的合法权益，接受村民监督；召集村民会议、村民代表会议并向其报告工作，负责实施村民会议、村民代表会议的决定、决议；组织实施本村经济和社会发展规划、村庄规划、年度计划，办理本村的公共事务和公益事业，兴修和维护道路、水利等基础设施，改善村民生活环境和居住条件；支持和组织村民依法发展各种形式的经济，承担本村生产经营的服务和协调工作；支持集体经济组织依法进行经济活动，推进以家庭经营为基础，集体经营、合作经营、企业经营共同发展的农业经营方式，支持各类新型农业经营主体和新型职业农民的发展培育，保障集体经济组织和村民、承包经营户、联户或者合伙的合法财产权和其他合法权益；管理本村财务、政府拨款和捐赠资金，建立健全民主理财制度，依法依规定期向村民公开财务收支情况；依法管理本村属于村民集体所有的土地和其他财产，引导村民合理利用自然资源，保护和改善生态环境；支持和引导村民保护传统村落和民居等历史文物古迹，传承优秀文化遗产；开展健康有益的文化体育活动，普及农村实用科学技术知识，促进男女平等，做好卫生和计划生育工作，倡导移风易俗、尊老爱幼、扶贫济困、助残扶孤、见义勇为，反对封建迷信、邪教活动，树立社会主义新风尚；支持服务性、公益性、互助性社会组织依法开展活动，推动农村社区建设；调解民间纠纷，促进村民之间、村与村之间团结、互助，协调本村与驻村机关、团体、部队和企业事业单位之间的关系，组织村民预防自然灾害、安全事故，协助人民政府维护社会治安和社会稳定；在多民族村民居住的村，教育和引导各民族村民互相尊重、互相团结、共同发展；履行法律、法规、规章规定的其他职责。

（二）居民委员会的职责

居民委员会组织法第三条规定："居民委员会的任务：宣传宪法、法律、法规和国家的政策，维护居民的合法权益，教育居民履行依法应尽的义务，爱护公共财产，开展多种形式的社会主义精神文明建设活动；办理本居住地区居民的公共事

> 要坚持为民服务宗旨，把城乡社区组织和便民服务中心建设好，强化社区为民、便民、安民功能，做到居民有需求、社区有服务，让社区成为居民最放心、最安心的港湾。
>
> ——2021年2月4日习近平总书记在贵州省贵阳市观山湖区金元社区考察调研时指出

务和公益事业；调解民间纠纷；协助维护社会治安；协助人民政府或者它的派出机关做好与居民利益有关的公共卫生、计划生育、优抚救济、青少年教育等项工作；向人民政府或者它的派出机关反映居民的意见、要求和提出建议。"第四条规定："居民委员会应当开展便民利民的社区服务活动，可以兴办有关的服务事业。居民委员会管理本居民委员会的财产，任何部门和单位不得侵犯居民委员会的财产所有权。"同时，国家层面也出台文件对居民委员会的职责做出了规定。

根据上述法律规定及国家有关政策文件，居民委员会的职责主要有：

1. 依法组织居民开展自治活动。社区居民委员会是社区居民自治的组织者、推动者和实践者，要宣传宪法、法律、法规和国家的政策，教育居民遵守社会公德和居民公约、依法履行应尽义务，开展多种形式的社会主义精神文明建设活动；召集社区居民会议，办理本社区居民的公共事务和公益事业；开展便民利民的社区服务活动，兴办有关服务事业，推动社区互助服务和志愿服务活动；组织居民积极参与社会治安综合治理、开展群防群治，调解民间纠纷，及时化解社区居民群众间的矛盾，促进家庭和睦、邻里和谐；管理本社区居民委员会的财产，推行居务公开；及时向人民政府或者它的派出机关反映社区居民群众的意见、要求和提出建议。

2. 依法协助城市基层人民政府或者它的派出机关开展工作。社区居民委员会是党和政府联系社区居民群众的桥梁和纽带，要协助城市基层人民政府或者它的派出机关做好与居民利益有关的社会治安、社区矫正、公共卫生、计划生育、优抚救济、社区教育、劳动就业、社会保障、社会救助、住房保障、文化体育、消费维权以及老年人、残疾人、未成年人、流动人口权益保障等工作，推动政府社会管理和公共服务覆盖到全社区。

3. 依法依规组织开展有关监督活动。社区居民委员会是社区居民利益的重要维护者，要组织居民有序参与涉及切身利益的公共政策听证活动，组织居民群众参与对城市基层人民政府或者它的派出机关及其工作人员的工作、驻社区单位参与社区建设的情况进行民主评议，对供水、供电、供气、环境卫生、园林绿化等市政服务单位在社区的服务情况进行监督。指导和监督社区内社会组织、业主委员会、业主大会、物业服务企业开展工作，维护社区居民的合法权益。

三、村（居）民委员会的活动原则和工作机构

村（居）民委员会作为基层群众性自治组织，承担着法律赋予的职责，为了履行职责，促进基层社会主义民主，维护基层群众合法权益，实施乡村振兴战略，推进城市社会主义物质文明、社会文明、生态文明、精神文明建设，国家以立法、制定政策等形式确定了村（居）民委员会的活动原则和工作机构，保障村（居）民委员会正常履职。

（一）村（居）民委员会的活动原则

村民委员会组织法第二十九条规定："村民委员会应当实行少数服从多数的民主决策机制和公开透明的工作原则，建立健全各种工作制度。"居民委员会组织法第十一条规定："居民委员会决定问题，采取少数服从多数的原则。居民委员会进行工作，应当采取民主的方法，不得强迫命令。"可见，村（居）民委员会的活动原则主要是少数服从多数原则和公开透明原则。

> 要加强和创新基层社会治理，使每个社会细胞都健康活跃，将矛盾纠纷化解在基层，将和谐稳定创建在基层。
>
> ——2020年8月24日习近平总书记在经济社会领域专家座谈会上指出

少数服从多数原则是指某一方案若获逾半数支持则通过，是实现民主的重要手段之一。村（居）民委员会是多人组成的联合体，作出的任何决策意见不可能完全统一，这种情况下就必须建立能够作出统一决策的制度机制。村（居）民委员会是委员会制，不是行政首长负

责制，村（居）民委员会的重大事项，不能由村（居）民委员会主任个人独立决策，要集合全体村（居）民委员会成员的共同意见来决策。少数服从多数的原则有利于充分发扬民主，广泛听取委员会成员的意见，通过多数人的一致来弥合少数人的不同意见，从而达到团结统一、形成合力的目的。

公开透明是保障权力规范运行，避免暗箱操作损害村（居）民利益的民主监督方式之一。通过公开村（居）民委员会的日常工作和决策流程，有利于强化村（居）民委员会成员的服务意识、规范意识和廉洁意识，确保权力来自选民，权力受选民监督，权利为选民服务，对预防权力滥用和腐败具有重要作用，也保障了村（居）民对基层治理的知情权、参与权和监督权。

（二）村（居）民委员会的工作机构

村民委员会组织法第七条规定："村民委员会根据需要设人民调解、治安保卫、公共卫生与计划生育等委员会。村民委员会成员可以兼任下属委员会的成员。人口少的村的村民委员会可以不设下属委员会，由村民委员会成员分工负责人民调解、治安保卫、公共卫生与计划生育等工作。"居民委员会组织法第十三条规定："居民委员会根据需要设人民调解、治安保卫、公共卫生等委员会。居民委员会成员可以兼任下属的委员会的成员。居民较少的居

发挥村（居）民委员会下设的人民调解、治安保卫、公共卫生等委员会作用，村民委员会应设妇女和儿童工作等委员会，社区居民委员会可增设环境和物业管理等委员会，并做好相关工作。

——2021年4月28日《中共中央国务院关于加强基层治理体系和治理能力现代化建设的意见》

民委员会可以不设下属的委员会，由居民委员会的成员分工负责有关工作。"

由于我国幅员辽阔，地区差异较大，各地村（居）民委员会的规模设置、村（居）民数量，以及村（居）民委员会工作任务的重点有所不同，因此，应本着根据工作需要、宜简勿繁的原则，决定设立哪些委员会，以及每个委员会的人数。村（居）民委员会根据需要，可以设立人民调解、治安保卫、公共卫生等委员会。这里所说的根据需要，是指根据本村（居）实际工作需要、经济发展状况以及广大群众的意愿等方面的情况。

1. 人民调解委员会

人民调解委员会是调解民间纠纷，用法律知识和社会主义道德风尚教育群众、团结群众的一个基层群众性组织。

（1）人民调解委员会的性质。人民调解法第七条规定："人民调解委员会是依法设立的调解民间纠纷的群众性组织。"

（2）调解委员会的设立、组成、人员结构。人民调解法第八条规定："村民委员会、居民委员会设立人民调解委员会。企业事业单位根据需要设立人民调解委员会。人民调解委员会由委员三至九人组成，设主任一人，必要时，可以设副主任若干人。人民调解委员会应当有妇女成员，多民族居住的地区应当有人数较少民族的成员。"

（3）人民调解委员会的产生、任期。人民调解法第九条规定："村民委员会、居民委员会的人民调解委员会委员由村民会议或者村民代表会议、居民会议推选产生。人民调解委员会委员每届任期三年，可以连选连任。"

（4）担任人民调解员的条件。人民调解法第十四条规定："民调解员应当由公道正派、热心人民调解工作，并具有一定文化水平、政策水平和法律知识的成年公民担任。"

（5）法律责任。人民调解法第十五条规定了对人民调解员的处罚："人民调解员在调解工作中有下列行为之一的，由其所在的人民调解委员会给予批评教育、责令改正，情节严重的，由推选或者聘任单位予以罢免或者解聘：偏袒一方当事人的；侮辱当事人的；索取、收受财物或者牟取其他不正当利益的；泄露当事人的个人隐私、商业秘密的。"

2. 治安保卫委员会

治安保卫委员会是发动群众协助人民政府维护社会治安、同一切刑事犯罪活动作斗争的一个基层群众性治安保卫组织。农村、社区中的治安保卫委员会设在村（居）民委员会中，作为村（居）民委员会下设的一个委员会，有利于加强治安保卫委员会的领导，进一步做好基层治安保卫工作。根据国家有关规定，治安保卫委员会的委员人数，应视各单位人数多少，情况繁简，由3至11人组成，设主任1人，副主任1至2人。治安保卫委员会成员的选举，要由村民提出候选人，选择政治思想好、作风正派，能联系群众，热心治保工作，有一定业务能力的村民，经过民主协商，村党支部和公安保卫部门审查后进行选举，可以连选连任。

3. 公共卫生与计划生育委员会

公共卫生与计划生育委员会是负责办理卫生宣传、治理环境、防病治病、计划生育服务等公共卫生事务的基层群众性组织。关于公共卫生与计划生育委员会的设置和产生，目前尚无法律规定，可以参考调解、治安保卫等委员会的组织方法，按工作需要，选择热心卫生工作，有一定专业知识的村（居）民，经过选举组成公共卫生委员会。

法律明确规定村（居）民委员会可以设立人民调解、治安保卫、公共卫生与计划生育三个委员会，

> 要构筑强大的公共卫生体系，完善疾病预防控制体系，建设平战结合的重大疫情防控救治体系，强化公共卫生法治保障和科技支撑，提升应急物资储备和保障能力，夯实联防联控、群防群控的基层基础。
>
> ——2020年9月8日习近平总书记在全国抗击新冠肺炎疫情表彰大会上的讲话。

这并不说明每个村民委员会必须设立或只能设立这三个委员会。随着中国特色社会主义进入新时代，我国农村、社区出现了许多新情况、新问题，村（居）民自我管理、自我教育、自我服务的工作也更加广泛和形式多样。因此，村（居）民委员会根据需要可以设立一些其他委员会。

村（居）民委员会成员可以兼任下属委员会的成员。即可以兼任下属委员会的主任、副主任或委员。人口少的村、社区的村（居）民委员会可以不设下属的委员会，由村（居）民委员会成员分工负责人民调解、治安保卫、公共卫生等工作。这样有利于提高工作效率和减轻基层负担，体现了精简、效能的原则，符合我国基层的实际。

关于健全社区居民委员会下属的委员会，国家出台了具体规定：调整充实社区居民委员会下属的委员会设置，建立有效承接社区管理和服务的人民调解、治安保卫、公共卫生、计划生育、群众文化等各类下属的委员会，切实增强社区居民委员会组织居民开展自治活动和

协助城市基层人民政府或者它的派出机关加强社会管理、提供公共服务的能力。选齐配强居民小组长、楼院门栋长，积极开展楼院门栋居民自治，推动形成社区居民委员会及其下属的委员会、居民小组、楼院门栋上下贯通、左右联动的社区居民委员会组织体系新格局。同时还规定，要规范社区居民委员会专业服务机构。为更好地完成社区管理和服务任务，辖区人口较多、社区管理和服务任务较重的社区居民委员会，根据工作需要可建立社区服务站（或称社区工作站、社会工作站）等专业服务机构。按照专干不单干、分工不分家的原则，社区专业服务机构在社区党组织和社区居民委员会统一领导和管理下开展工作，以形成工作合力。社区居民委员会有足够能力承担应尽职责的社区，可以不另设专业服务机构。

第五章 村（居）民会议

一、村（居）民会议的性质和地位

村（居）民会议是实现直接民主，保障村（居）民行使民主权利，实现人民当家作主的重要形式，是基层群众有效参与农村、社区基层治理，维护自身合法权益，坚持和发展中国特色社会主义民主的有效制度载体，是督促村（居）民委员会及其成员正确行使权力、勤勉履职尽责的监督机构。

> 社区是基层基础。只有基础坚固，国家大厦才能稳固。
>
> ——2018年4月24日至28日，习近平在湖北考察时强调

（一）村民会议的性质和地位

村民委员会组织法规定规定，村民委员会向村民会议、村民代表会议负责并报告工作。村民会议审议村民委员会的年度工作报告，评议村民委员会成员的工作；有权撤销或者变更村民委员会不适当的决定；有权撤销或者变更村民代表会议不适当的决定。村民会议可以授权村民代表会议审议村民委员会的年度工作报告，评议村民委员会成员的工作，撤销或者变更村民委员会不适当的决定。村民委员会及其成员应当遵守并组织实施村民自治章程、村规民约，执行村民会议、村民代表会议的决定、决议。

村民委员会组织法规定，涉及村民利益的下列事项，经村民会议讨论决定方可办理：本村享受误工补贴的人员及补贴标准；从村集体经济所得收益的使用；本村公益事业的兴办和筹资筹劳方案及建设承包方案；土地承包经营方案；村集体经济项目的立项、承包方案；宅基地的使用方案；征地补偿费的使用、分配方案；以借贷、租赁或者其他方式处分村集体财产；村民会议认为应当由村民会议讨论决定的涉及村民利益的其他事项。村民会议可以授权村民代表会议讨论决定前款规定的事项。法律对讨论决定村集体经济组织财产和成员权益的事项另有规定的，依照其规定。《中共中央办公厅、国务院办公厅关于健全和完善村务公开和民主管理制度的意见》指出："村级民主决策的基本组织形式是村民会议和村民代表会议。"

通过以上法律和政策规定可见，村民会议、村民代表会议是村级民主决策的基本组织形式，凡是涉及全体村民的重大事项、决议均由村民会议或者村民代表会议作出，有的甚至只能由村民会议作出。村民会议、村民代表会议是基层农村群众自治的权力机构，享有决策权、监督权。凡村民会议、村民代表会议通过的制度、作出的决议，村民委员会必须无条件执行。村民会议对村民代表会议、村民委员会的工作享有监督权，对违反村民会议意志的村民代表会议、村民委员会作出的不适当决定有权撤销或者变更。

（二）居民会议的性质和地位

居民委员会组织法规定："居民委员会向居民会议负责并报告工作。涉及全本居民利益的重要问题，居民委员会必须提请居民会议讨论决定。居民会议有权撤换和补选居民委员会成员。"由此可见，居民会

议是城镇社区群众自治的权力
机构，它的一切权力属于居民。
居民会议享有居民公约制定权、
对涉及全体居民共同利益的重
要事项决策权、居委会成员选
举任免权和对居民委员会的监
督权。

居民的事居民议，居民的
事居民定，有利于增强社区居
民的归属感和主人翁意识，提
高社区治理和服务的精准化、
精细化水平。

——2019 年 2 月 1 日习近平
在北京市东城区草厂四条胡同调
研时指出

二、村（居）民会议的组成、召集和主持

（一）村（居）民会议的组成

村民委员会组织法第二十一条规定："村民会议由本村十八周岁以
上的村民组成。"第二十二条规定："召开村民会议，应当有本村十八
周岁以上村民的过半数，或者本村三分之二以上的户的代表参加，村民
会议所作决定应当经到会人员的过半数通过。法律对召开村民会议及作
出决定另有规定的，依照其规定。召开村民会议，根据需要可以邀请驻
本村的企业、事业单位和群众组织派代表列席。"居民委员会组织法第
十条规定："居民会议可以由全体十八周岁以上的居民或者每户派代表
参加，也可以由每个居民小组选举代表二至三人参加。"

对于以上规定，具体应把握以下几点：

第一，参加村（居）民会议的村民应年满十八周岁。

我国宪法规定，年满十八周岁的中华人民共和国公民有选举权和
被选举权，但被剥夺政治权利的人除外。民法典规定：十八周岁以上
的自然人为成年人，成年人为完全民事行为能力人，可以独立实施民

事法律行为。不满十八周岁的自然人为未成年人，未成年人不具备完全民事行为能力。所以，未满十八周岁的村（居）民不能参加村（居）民会议，不是村（居）民会议的组成人员。

> 人民通过选举、投票行使权利和人民内部各方面在重大决策之前进行充分协商，尽可能就共同性问题取得一致意见，是中国社会主义民主的两种重要形式，共同构成了中国社会主义民主政治的制度特点和优势。
>
> ——2021年10月13日习近平在中央人大工作会议上的讲话

第二，参加村（居）民会议的必须是本村（居）村（居）民。

村民委员会组织法第十三条规定："村民委员会选举前，应当对下列人员进行登记，列入参加选举的村民名单：户籍在本村并且在本村居住的村民；户籍在本村，不在本村居住，本人表示参加选举的村民；户籍不在本村，在本村居住一年以上，本人申请参加选举，并且经村民会议或者村民代表会议同意参加选举的公民。已在户籍所在村或者居住村登记参加选举的可知村民，不得再参加其他地方村民委员会的选举。"

根据这一规定，本村村民包括三大类，一是户籍在本村并且在本村居住的；二是户籍在本村、不在本村居住；三是户籍不在本村，在本村居住一年以上，本人申请参加选举，并且经村民会议或者村民代表会议同意参加选举的公民。这三类人均为村民会议的组成人员。

对于本社区居民的范围，我们认为也应当据此标准认定。

第三，依照法律被剥夺政治权利的本村（居）村民没有选举权。

根据刑法第五十四条的规定，剥夺政治权利是指剥夺公民享有的选举权和被选举权；言论、出版、集会、结社、游行、示威自由的权利；

担任国家机关职务的权利；担任国有公司、企业、事业单位和人民团体领导职务的权利。宪法规定的其他权利，如劳动权、休息权、受教育权、财产权、继承权等，则和一般公民一样享有。因此，依照法律被剥夺政治权利的人作为村（居）民的一员，应当可以参加村（居）民会议，对村（居）民会议讨论的各项问题发表意见，但在选举村（居）委会组成人员时，不享有选举权和被选举权；在罢免村（居）委会组成人员时，不享有表决权。

（二）村（居）民会议的召集和主持

1. 召集人

村民会议和居民会议分别由村民委员会和居民委员会召集。村民委员会组织法规定："村民会议由村民委员会召集。"居民委员会组织法规定："居民会议由居民委员会召集和主持。"可见，村（居）民会议的召集人分别是村民委员会、居民委员会，召集村（居）民会议是村（居）民委员会的权利，也是义务。

2. 提议举行村（居）民会议的主体

一定数量的村（居）民提议，应当召集村（居）民会议。村民委员会组织法规定："有十分之一以上的村民或者三分之一以上的村民代表提议，应当召集村民会议。"居民委员会组织法规定："有五分之一以上的十八周岁以上的居民、五分之一以上的户或者三分之一以上的居民小组提议，应当召集居民会议。"

村（居）民委员会也可提起召集村（居）民会议。实际上，村（居）民委员会不仅可以提出召集村（居）民会议，还可以决定何时、何地召集村（居）民会议。在实践中也主要是由村（居）民委员会提出召集村（居）民会议，而由一定数量的村（居）民提议的则属于少数。

3. 召集村（居）民会议的事由

村（居）民会议涉及年满十八周岁的全体村（居）民，因此召集开会比较困难。所以法律规定只有重大事项才必须召集村（居）民会议进行讨论并作出决定。

根据村民委员会组织法的规定，村民委员会在下列情况下应当召集村民会议：村民委员会的设立、撤销、范围调整；罢免村民委员会成员；撤销或者变更村民代表会议不适当的决定；决定授权村民代表会议事项；制定、修改村民自治章程、村规民约；有十分之一以上的村民或者三分之一以上的村民代表提议。

根据村民委员会组织法的规定，在下列情况下可以召集村民会议：审议村民委员会的年度工作报告，评议村民委员会成员的工作；撤销或者变更村民委员会不适当的决定；推选产生村民选举委员会；补选出缺的村民委员会成员；推选村务监督机构成员；对村民委员会成员以及由村民或者村集体承担误工补贴的聘用人员进行民主评议；讨论决定村民委员会组织法第二十四条规定（本村享受误工补贴的人员及补贴标准；从村集体经济所得收益的使用；本村公益事业的兴办和筹资筹劳方案及建设承包方案；土地承包经营方案；村集体经济项目的立项、承包方案；宅基地的使用方案；征地补偿费的使用、分配方案；以借贷、租赁或者其他方式处分村集体财产；村民会议认为应当由村民会议讨论决定的涉及村民利益的其他事项）的涉及村民切身利益的事项。

根据居民委员会组织法的规定，居民委员会在下列情况下应当召集居民会议：居民公约的讨论制定；审议居民委员会工作报告；撤换和补选居民委员会成员；居民委员会办理本居住地区公益事业所需的费用；从居民委员会的经济收入中适当补助居民委员会的工作经费和居民委员会成员的生活补贴费；有五分之一以上的十八周岁以上的居民、五分之一以上的户或者三分之一以上的居民小组提议。

4. 村（居）民会议的主持

一般情况下，村（居）民会议应由村（居）民委员会的主要负责人——村（居）民委员会主任主持，村（居）民委员会主任因其他原因无法正常主持的，可委托村（居）民委员会成员主持。对于一些涉及村（居）民委员会干部自身利益的村（居）民会议，如审议村（居）民委员会工作报告和评议村（居）民委员会干部工作的村（居）民会议，尤其是罢免村（居）民委员会成员，特别是罢免村（居）民委员会委会主任的村（居）民会议，应由村（居）党组织书记主持，村（居）党组织书记、主任"一肩挑"的，由乡镇、街道党委和政府派出干部主持。

延伸阅读

谭家院社区居民会议别开生面

2020年5月28日一大早，金寨镇谭家院社区居民纷纷赶往社区居委会，排队、签到、测体温，然后齐聚一堂。原来他们是前来参加社区居民会议。

"现在党和国家的政策好了，大家的发展好了，关系自己的事情当然要参加了！"家住社区四组的刘某某说，"虽然忙，会议我们还是要积极响应的。"

谭家院社区目前共有住户 510 户。据现场清点，此次参会户代表 413 人。镇村干部介绍说，为了方便外出务工人员参与，这次会议使用抖音、微信群等平台进行了同步直播。这也是本次居民会议的一大亮点。

上午 8 点 30 分，谭家院社区居民会议在国歌声中徐徐拉开帷幕。

"请工作人员宣读《谭家院社区居民会议议事规则（草案）》，……"主持人大声说。在工作人员宣读完毕后，主持人继续说，"请各位居民户代表酝酿讨论，大家有没有不同意见，请发表，……如果没有，现在进行表决！"会议首先通过了居民会议议事规则。

居民自治章程、居民公约，相当于居民自治的"小宪法"，其地位和作用无疑十分重要。关键在于它的产生要依法合规，要由居民会议表决通过。其内容要能促进公序良俗，宣扬社会主义核心价值观，促进村民和谐。因此居民自治章程、居民公约广泛征求了各方面意见，经过多次修改。当日，参加会议的居民户代表全票通过了这一章程和公约。

会议还依法表决通过了《谭家院社区居民代表推选办法》，"红白理事会""道德评议会""禁毒禁赌会"组成人员名单，以及《谭家院社区生态环境卫生管理办法》等。本次会议通过的制度章程办法等共 7 项，涵盖了自治制度建设、议事机构建设、集体经济发展、生态环境卫生管理各个方面，件件涉及居民利益。

"这次居民会议，通过的这些制度、办法，使我更加熟悉了村民自治，就是社区的事情咱自己定、自己办！"居民黄德智说，这让我们的知情权、表决权得到了保障，直接参与社区里的事务，真有当家作主的感觉。黄某某表示作为社区一员，既然在这里举了手，自然要从自身做起，遵守落实。他还说："我最关心的就是咱合作社的收益分配，希望村上和镇上能够搞好分配方案，组织好落实。"（节选《陕西法制网》2020 年 6 月 5 日）

三、村民代表会议

（一）村民代表会议的设立

村民代表会议不是必须设立的机构，而是根据实际需要来设立。村民委员会组织法规定："人数较多或者居住分散的村，可以设立村民代表会议，讨论决定村民会议授权的事项。"可见，一般应是人数较多的村比如经济比较发达而人口相对集中的行政村，或者是虽然人数不是很多但居住比较分散的村，比如草原、高山地区的行政村，这些行政村可以设立村民代表会议。

居民委员会组织法规定，"居民会议可以由全体十八周岁以上的居民或者每户派代表参加，也可以由每个居民小组选举代表二至三人参加。"可见，城市里的居民会议包括了"居民代表会议"这一形式，因此从法律规定上讲，由每个居民小组选举代表二至三人参加的会议仍叫居民会议。

（二）村民代表会议的特点

村民代表会议是经常性议事组织，代行村民会议的部分职权。

村民代表会议具有以下特点：

一是村民代表会议是特殊情况下村民会议的补充形式。村民代表会议既不是村民会议的常设形式，也不是村民自治的专门监督机构。召集村民代表开会的制度并不普遍实行，只在人口较多或者居住分散的村才召开；人口较少或者居住集中的村，则不召开。

二是村民代表会议职权来源于村民会议授权。村民代表会议行使村民会议授予的权力。召集村民代表开会，其讨论的事项来源于村民会议的授权，自身没有独立的职权。村民代表开会决定的事项不得同村民会议的决定相抵触，也不得超越村民会议的授权。村民会议有权撤销与村民会议的决定相抵触或者越权作出的或者是不适当的决定。

三是村民代表会议由村民委员会召集并主持。村民代表会议一般是不定期召集，村里遇有需要讨论决定的事情，而召开村民会议又有困难时才召开。会议的议题一般由村民委员会提出，也可以由村民联名提出。同样采取少数服从多数的原则，集体讨论决定问题。会议作出的决定，所有村民和村干部都必须遵守执行。

（三）村民代表会议的组成

村民代表会议的人员组成有两部分，村民委员会成员和村民代表。村民委员会成员为村民代表会议的法定组成人员，这是因为村民委员会是村民选举出来为村民办事的组织机构，是村民自治的具体组织者和实施者。村民委员会的性质、地位及其职能对村民委员会成员提出了多方面的要求，这决定村民委员会成员一般都具有一定的能力和素质。村民代表会议作为村民会议的补充形式，由村民大会选举产生的村民委员会成员参与其中，能更好地组织村民代表会议履行职权，实现自治。但是，也要防止村民代表会议被村民委员会成员操控，使村民自治成为村干部自治。为此，法律在村民代表会议组成人员构成比例上作了明确要求，即村民代表应当占村民代表会议组成人员的五分之四以上，以降低村民委员会成员在村民代表会议中所占的比例，使村民代表会议讨论决定事项，更能体现村民代表的意志。

法律明确要求妇女村民代表应当占村民代表会议组成人员的三分之一以上。我国农村长期以来受男尊女卑思想影响比较大，男女受教育程度差别较大，农村妇女的家庭和社会地位相对较低，对社会事务的参与程度相对较弱。规定妇女代表在村民代表会议中的比例，有利于推动农村妇女参与管理社会事务，增强农村妇女的参政议政意识。特别是随着农村人口流动加大，大量男性青壮劳动力外出打工、经商，在农村留守老人、留守妇女、留守儿童现象普遍，妇女成为农村村务管理的重要力量，成为新时代乡村振兴的主力军，应当对妇女在乡村治理中的作用予以充分保障。

参加村民代表会议的村民代表由推选产生，不必经过复杂的选举程序。具体方式有两种：

一是由村民按户推选产生。按每五户至十五户推选产生一名代表，户数较多的村可以按十五户推选一人，户数较少的村可以按五户推选一人，具体按多少户推选产生一名村民代表，由各地根据实际情况确定。

二是由各村民小组推选产生。具体每个村民小组推选产生多少村民代表，也要由各地根据实际情况确定。推选产生村民代表的方式比较灵活，没有特定的程序要求，但是必须充分发扬民主，尊重村民意愿，有利于实行民主决策、民主管理。

村民代表应当具备一定的参政议政能力，要有责任心，对本村情况比较熟悉，能够客观反映村民的利益和要求。村民代表还应当具备代表性，反映在年龄、性别、文化程度等各个层面。村民代表的数量要根据本村人口数、居住状况、交通条件、利益分布等情况，由村民会议决定。

（四）村民代表会议代表的任期与职责

法律明确规定村民代表的任期与村民委员会的任期相同，因而其任期为五年，但是可以连选连任。由于村民代表会议是村级民主决策的基本组织形式，是代行村民会议部分职责的经常性议事组织，而不是一事一议的临时性组织，因此，村民代表应相对稳定。这样规定有利于增强村民代表的责任心，使村民代表更密切地联系村民，下情上达，上情下达，积极履行职责，更好地代表村民参与村务的决策、管理和监督，更有效地将讨论通过的村务决定贯彻实施到他所代表的村民之中，同时也便于村民更好地对村民代表进行监督。

村民代表的职责主要是三个方面：一是参加村民代表会议，讨论决定村民会议授权的事项；二是与推选自己的村民联系，反映他们的意见和建议；三是会议作出决定后，负责向推选自己的村民传达，动员村民认真遵守和执行。

延伸阅读

村民代表会议制度"生根"下围村
"问题村"变民主法治村

2017年8月12日中午，广州市增城区石滩镇下围村村民代表郭德庆卖完猪肉，匆匆收市回家。吃过午饭，他顶着烈日赶赴村委会参加下围村第七届第三次村民代表会议。自5月当选村民代表以来，郭德庆从未缺席一次会议。

1998年颁布的《村民委员会组织法》规定，村民会议、村民代表会议通过民主决策决定村里的公共事务。但在现实中，村民会议往往因召集难很少召开，村民代表会议因缺制度"保驾护航"难以落地，民主决策往往流于形式。决策不公开、不透明，往往导致村庄治理问题丛生。

2014 年起，曾经有名的"问题村"——下围村开始落实村民代表会议制度，取得了良好的效果，如今已变成全国闻名的"民主法治村"。

在下围村，重大事项都要经村民代表会议讨论决定。村民代表会议讨通过的事项，由村委会执行，由村民代表监督实施。

议题内容先通知 开会告别乱糟糟

与过往一样，在会议召开两天前，下围村的公告栏就张贴着通知，通知包括会议的议题，会议举办时间和地点等。开会前一天，村民小组长还特意去市场提醒郭德庆"记得去开会"。

为做到村务公开，下围村还开通了"下围村委会"的微信，大事小事全部通过微信公开。召开村民代表会议的有关消息也可从"下围村委会"微信中查询。

8 月 12 日下午 2 点半，郭德庆准时到达议事厅，在门口签到后戴上专用的"代表证"，然后进入会场。郭德庆与相熟的村民代表寒暄了一下，就到代表席坐下。会议由下围村党支部书记、村委会主任郭庆东主持。会议开始后，郭庆东走到发言席，向代表们讲解了议题内容。主席台两边摆放的显示屏也播放着议题的主要内容。郭德庆与其他村民代表一样，认真地聆听郭庆东的发言。会议全程有工作人员摄影，以确保会议的公开透明。

与会人员均可申请 5 分钟的发言时间和 3 分钟的补充发言时间。"大家轮流发言，不像以前开会，乱糟糟的，老是吵架。"郭德庆介绍，待所有发言完毕之后，会议进入举手表决环节。工作人员现场统票，并请村民代表在表决意见书上签名。郭德庆在"赞成"栏签下自己的名字，并按手印。

根据下围村的规定，经过2/3与会村民代表的同意，议题才算通过。表决意见书上清楚写着：下围村第七届村民代表共有85人，出席本次会议的79人，赞成该方案的79人，议题获全票通过。8月12日晚，表决结果向村民公开。

重大事项都表决 多数通过才有效

并非所有的议题都能获得通过。郭迪辉担任第六届村民代表期间，参加了全部27次村民代表会议，表决了57个议题，其中一个议题被否决。

此事要从2014年10月说起。当时，一开发商找上门，提出以800万元的价格收购村里位于省道256东侧的三栋烂尾楼。

"凡涉及村集体和村民利益的重大事项，均在议事决策范围之内，必须交由村民代表会议讨论并作出决策。"根据《下围村村民代表议事制度》，此事被提交村两委联席会议充分讨论，经村法律顾问审定并提交村务监督委员会正式形成议题后，村两委决定召开村民代表会议讨论表决。

2014年10月18日下午3点，下围村第六届第13次村民代表会议召开，69名村民代表无一缺席，开发商作为列席人员出席会议。

郭庆东介绍，开会时，除了村两委干部、村民小组长和村民代表，一般村两委会邀请合作社主任、老干部、老党员等列席会议，任何村民甚至外来人口都可以申请旁听。郭庆东强调，所有与会人员均有议事权，但只有村民代表才有表决权，"所以他要说服的不是我，而是全村的村民代表。"

开发商的发言并没有打动在场的村民代表。表决的时候，郭迪辉和其他村民代表均投了反对票，议题被否决。

村民代表会议决定：反对出售，重新发包出租。会后，村委会按照村民代表会议的决定，将三栋楼重新装修并发包，现在每年有近60万元的租金收入。

村委会负责执行　村民代表来监督

议题通过之后由村委会负责执行。"村里的事必须经村民代表会议表决通过才能执行，而且必须执行。"村民郭合光告诉记者。

5月13日，村民代表赵银女出席了第七届第一次村民代表会议，讨论表决下围村端午节分红议题，并投了赞成票，议题表决通过。5月26日上午，分红全部发到村民手中。

7月15日召开的村民代表会议表决村集体与碧桂园的合作方案。由于此事涉及村民重大利益，村民代表提出并现场表决通过，决定将议题交由全村18岁以上村民表决，由村委会负责组织落实。7月31日，全村18岁以上村民完成表决，投票总人数为1754人，赞成率高达98%。

除了决策，村民代表会议还肩负监督职能。郭迪辉透露，第六届村民代表会议共通过56个议题，其中48个已经落实。郭庆东介绍，"如果上次开会的议题还没有落实，下次开会时村民代表就会质问，村两委干部就要解释。"

下围村的各处公告栏上张贴着好几份《村民代表大会表决意见书》，上面均有村民代表们密密麻麻的签名和按下的指模。树荫底下的公告栏前，一位村民正驻足浏览。

"我们村很民主、很公正，什么事情都要张贴出来告诉大家。"

村民郭月春告诉记者。在走访中，村民们均表露了对打造"民主村"的自豪。

将"天法"变为"地法" 村民自治入人心

300 多平方米的下围村议事厅里，按照主持席、代表席、列席席、旁听席、监督席和发言席六大功能分区，每个人都要对号入座。

"现在就是把'天法'变为'地法'，利用好《村民委员会组织法》，按照法定程序来实现村民自治。"郭庆东介绍，议事厅就是一个普法阵地，农民可能不知道具体的法律条款，但他们都知道坐上那个位置的权利在哪儿、该干什么。

为严肃会场纪律，会议还引入了红黄牌警告制度，对村民代表违纪行为进行现场表决，三分之二以上表决通过即为有效。累积两次黄牌警告或一次红牌警告的代表则暂停一次表决和议事。

实行村民代表议事制度，村民代表会议真正获得了民主决策权，下围村摘掉了"上访村"帽子，摇身变为"村民自治示范村"和"民主法治示范村"。同时，下围村彻底告别了脏乱差，公共设施得到改善，村容村貌焕然一新，村集体收入从 2013 年的 390 万元提高到 2016 年的 1200 万元。

在下围村，大多数村民已经能将村民代表会议制度的规则信手拈来。郭庆东坦言，"村民代表会议制度在村里已经深入人心，就算换其他人来当村主任，这个制度也可以延续下去。村民形成民主自治的意识后，就绝不可能再走老路。"

2015 年 12 月，下围村基层治理经验写进广州市"十三五"规划，在广州全市推广。（《南方农村报》2017 年 9 月 13 日，略有改动）

第六章 村（居）务公开

一、村（居）务公开的含义

村（居）务公开是指村（居）民委员会组织把处理本村（社区）涉及国家的、集体的和村（居）民群众利益的事务的活动情况，通过一定的形式和程序告知全体村（居）民，并由村（居）民参与管理、实施监督的一种民主行为。

> 完善党务、村（居）务、财务公开制度，及时公开权力事项，接受群众监督。
>
> ——2021 年 4 月 28 日《中共中央国务院关于加强基层治理体系和治理能力现代化建设的意见》

村民委员会组织法规定："村民委员会实行村务公开制度。"居民委员会组织法对居务公开没有具体规定，在基层实践中，往往参照村务公开的形式对涉及全体居民利益的重大事项进行公开。

村（居）务公开是推行基层民主监督和民主管理的基础，在基层群众自治中具有重要作用。实行村（居）务公开，不断提升农村、社区工作治理能力和治理水平，有利于发展基层民主，有利于引导村、社区干部依法办事，巩固深化党的十八大以来基层党风廉政建设和反腐败斗争成果，强化党员和群众对干部的监督，密切党群干群关系。

二、村（居）务公开的主体和内容

（一）村务公开的主体和内容

1.村务公开的主体

村民委员会组织法第三十条规定："村民委员会实行村务公开制度。村民委员会应当及时公布下列事项，接受村民的监督：……"据此，村务公开的主体是村民委员会。村民委员会有法定义务公开有关事项。

2.村务公开的内容

根据村民委员会组织法等法律和政策规定，村务公开的内容主要有：

一是由村民会议、村民代表会议讨论决定的事项及其实施情况。

村民会议、村民代表会议讨论决定的事项有：

1.审议村民委员会的年度工作报告情况，评议村民委员会成员的工作情况。

2.撤销或者变更村民委员会不适当的决定情况。

3.撤销或者变更村民代表会议不适当的决定情况。

4.本村享受误工补贴的人员及补贴标准。

5.从村集体经济所得收益的使用。

6.本村公益事业的兴办和筹资筹劳方案及建设承包方案。

7.土地承包经营方案。

8.村集体经济项目的立项、承包方案。

9.宅基地的使用方案征地补偿费的使用、分配方案。

11.以借贷、租赁或者其他方式处分村集体财产。

12. 村民会议认为应当由村民会议讨论决定的涉及村民利益的其他事项。

二是国家计划生育政策的落实方案。

三是政府拨付和接受社会捐赠的救灾救助、补贴补助等资金、物资的管理使用情况。

四是村民委员会协助人民政府开展工作的情况。

五是涉及本村村民利益，村民普遍关心的其他事项。

村务公开的重点是财务公开。村级财务公开的内容主要包括：财务计划及其执行情况、各项收入和支出、各项财产、债权债务、收益分配、代收代交费用、水电费、以资代劳情况以及群众要求公开的其他财务事项。

为进一步加强和规范村级组织财务公开，2011年原农业部、原监察部关于印发了《农村集体经济组织财务公开规定》。根据该规定，村级财务公开的内容主要有：

> 梳理村级事务公开清单，及时公开组织建设、公共服务、脱贫攻坚、工程项目等重大事项。
>
> ——2019年6月中共中央办公厅、国务院办公厅印发《关于加强和改进乡村治理的指导意见》

1. 财务计划

（1）财务收支计划；

（2）固定资产购建计划；

（3）农业基本建设计划；

（4）公益事业建设及"一事一议"筹资筹劳计划；

（5）集体资产经营与处置、资源开发利用、对外投资等计划；

（6）收益分配计划；

（7）经村集体经济组织成员会议或成员代表会议讨论确定的其他财务计划。

2. 各项收入

（1）产品销售收入、租赁收入、服务收入等集体经营收入；

（2）发包及上交收入；

（3）投资收入；

（4）"一事一议"筹资及以资代劳款项；

（5）村级组织运转经费财政补助款项；

（6）上级专项补助款项；

（7）征占土地补偿款项；

（8）救济扶贫款项；

（9）社会捐赠款项；

（10）资产处置收入；

（11）其他收入。

3. 各项支出

（1）集体经营支出；

（2）村组（社）干部报酬；

（3）报刊费支出；

（4）办公费、差旅费、会议费、卫生费、治安费等管理费支出；

（5）集体公益福利支出；

（6）固定资产购建支出；

（7）征占土地补偿支出；

（8）救济扶贫专项支出；

（9）社会捐赠支出；

（10）其他支出。

4. 各项资产

（1）现金及银行存款；

（2）产品物资；

（3）固定资产；

（4）农业资产；

（5）对外投资；

（6）其他资产。

5. 各类资源

包括集体所有的耕地、林地、草地、园地、滩涂、水面、"四荒地"、集体建设用地等。

6. 债权债务

（1）应收单位和个人欠款；

（2）银行（信用社）贷款；

（3）欠单位和个人款；

（4）其他债权债务。

7. 收益分配

（1）收益总额；

（2）提取公积公益金数额；

（3）提取福利费数额；

（4）外来投资分利数额；

（5）成员分配数额；

（6）其他分配数额。

8. 其他需要公开的事项

延伸阅读

民主决策和村务公开"4+2"工作法

我国的基层治理是基层党组织领导下的基层群众自治，基层党组织在长期工作中探索出了党组织领导下的村级事务民主决策和公开制度，比较典型的是"四议两公开"工作法，又称"4+2"工作法，是指村党组织领导下对村级事务进行民主决策的一套基本工作程序，是基层在实践中探索创造的一个行之有效的工作方法。"四议"：党支部会提议、"两委"会商议、党员大会审议、村民代表会议或村民会议决议；"两公开"：决议公开、实施结果公开。通过"4+2"工作法的实践和完善，基层民主深入人心，农村党建扎实推进，乡风文明日新月异，农村经济快速发展，乡村振兴建设呈现出一派勃勃生机。该工作法由河南省南阳邓州市率先提出。具体程序是：

一是村党支部会提议。对村内重大事项，村党支部首先充分征求党员、村民代表及广大村民意见，认真调查论证，提出初步意见和方案，报乡镇党委批准、备案，在此基础上，由村党支部书记主持召开支委会，充分讨论并修改完善方案，形成决议意见。

二是村"两委会"商议。根据村党支部的初步意见，由村党支部书记主持召开村"两委会"，并通报提议意见，"两委会"成员充分讨论论证，修改补充完善方案，并采取口头、举手、无记名投票等方式进行表决，形成商议案。

三是党员大会审议。对村"两委会"商定的重大事项，由村党支部书记主持召开党员大会，村委会主任通报意见、方案，全体党员讨论、完善方案，并表决形成审议意见。召开党员大会审议前3天，须把方案送交全体党员，在党员中充分酝酿并征求村民意见；党员大会审议时，到会党员人数须占党员总数的 2/3 以上，审议事项经应到会党员半数以上同意方可提交村民代表会议或村民会议表决；党员大会审议后，村"两委会"要认真吸纳党员的意见、建议，对方案进行修订完善。同时，组织党员深入农户做好方案的宣传解释工作。

四是村民代表会议或村民会议决议。党员大会通过的事项，依照有关法律、法规规定，在村党组织领导下，由村委会主任主持村民代表会议或村民会议，通报决策事项和实施方案，接受代表质询，并表决形成决议。参加会议人数必须符合法律规定，讨论事项必须经全体村民代表或到会村民半数以上同意方可决议通过。

五是决议公开。经村民代表会议或村民会议决议通过的事项，一律在村级活动场所和村民小组村务公示栏公告，公告时间原则上不少于 7 天；公告期间，村"两委会"成员、全体党员和村民代表要主动深入群众征求意见、做好工作，并将收集到的意见和建议进行认真分析、调查，对决议事项做进一步补充和完善。如果发现公告内容有遗漏的、不真实的，应立即宣布决议无效，修改完善后重新进行"四议两公开"决策。

六是实施结果公开。决议事项在村党支部领导下由村委会组织实施，实施结果及时向全体村民公示。公示内容必须翔实、准确、全面；在公示时要设立意见箱，收集党员群众意见和建议；对收集到的群众意见必须在 3 日内由村委会予以答复；对村委会解释、答复不满意或村委会不能解决的问题，可由村党支部组织党员大会审核；审核结果提交村民代表大会讨论、表决，表决结果作为村级最终处理结果。

延伸阅读

村务公开"五规范一满意"

为使村务公开在全县脱贫攻坚中的重要作用中得到有效保障，贵州省毕节市赫章县民政局结合当前实际，制定村务公开工作目标，确保通过开展村务公开"五规范一满意"（村务公开内容规范、村务公开时间规范、村务公开形式规范、村务公开阵地建设规范、村务公开管理规范；一满意：群众满意度达到80%以上）建设工作，进一步提升基层治理水平，促进基层干部转变工作作风，督促基层干部严守工作纪律，保障广大群众在村级事务中的知情权、参与权、表达权和监督权，助推脱贫攻坚"春风行动"。

规范细化公开内容。明确了村务公开内容，重点围绕村级财务、公共事务、村民自治事务等内容进行公开。一是村级财务公开事项。包括财务计划、预决算方案、各项收支、各项资产和各类资源管理使用情况、债权债务、收益分配、财务审计等。二是村级公共事务公开事项。包括落实计划生育、脱贫攻坚和新农合、养老保险、城乡低保、特困人员救助供养、医疗救助、临时救助、残疾人"两项补贴"、优抚等政策情况，水电费价格、用量和代收代缴，救灾救济、社会捐赠款物的管理使用，宅基地审批，粮食和良种补贴情况，农资综合补贴、农机具购置补贴情况，上级下拨的各项惠民资金情况。三是村民自治事务公开事项。包括村委会年度工作计划总结，享受误工补贴的人员和补贴标准，集体土地征收、占用补偿费收入及分配、使用及土地流转情况，村公益事业的兴办、"一事一议"筹资筹劳及财政奖补资金管理使用，集体资产资源发包、租赁、出让、投资合同签订和执行及收益（亏损），集体工程招投标及预决算，对村委会年度工作审议情况，对村委会成员工作的民主评议情况，村委会和村民代表会议不适当决定撤销或者变更情况，村民质询或意见答复和办理情况，村民要求公开的其他事项。

规范明确公开时间。将村务公开的时间与公开的内容相适应，经常性的内容定期公开，阶段性的内容逐段公开，动态性的内容及时公开，临时性的内容随时公开，做到及时更新公开栏内容。村集体经济往来较多的，财务收支情况应每月公开一次；涉及村民利益的重大事项和村民普遍关心的事项应逐项及时公开。

规范优化公开形式。坚持因地制宜、灵活多样、及时便民的原则，采取固定公开栏公开为主、其他公开载体为辅助的公开形式进行。除利用固定的公开栏公开外，还采取广播、电子显示屏、编印村报、明白卡、明白纸、会议公开等方式或者通过县（区）廉政网站、微信公众号、QQ群等新媒体进行辅助公开。另外部分有条件的村在村民小组或自然村设立固定的组务公开栏，将群众关心的村务内容延伸到组务公开栏中公开，进一步方便群众了解村务、监督村务。

强化公开阵地建设规范。为使村务公开工作得到有效保障，赫章县协同相关部门乡镇加强村务公开阵地建设，确保最后各村固定公开栏不低于4平方米，将公开栏设置在村办公楼室外显眼位置，以便于群众观看。对于部分有条件的村在人口稠密的自然村或村民小组设置组务公开栏。

严格规范公开管理。全面推行"四议两公开"工作法，完善村民会议和村民代表会议制度，注重发挥村规民约的作用，提升村级民主决策、民主管理的科学化水平。村务公开方案由村民委员会依照法律法规和有关政策规定提出，经村务监督委员会审查、补充、完善后，提交村级党组织、村民委员会和村务监督委员会联席会议讨论确定。村委会负责村务公开工作的具体事务，保管村务公开档案；村务监督委员会负责审查村务公开内容的完整性、真实性，并对公开的时间、程序进行监督，对公开内容、决策过程等向村委会提出质询，对发现的问题及时督促村委会整改。（杨晓玲，《中国民政》2018 年第 11 期）

（二）居务公开的主体和内容

居民委员会组织法没有对居务公开作出规定，但不少地方对此作出了专门规定。如 2017 年，陕西省人民政府根据《城市居民委员会组织法》和《陕西省实施〈城市居民委员会组织法〉办法》，制定了《陕西省城市社区居务公开民主管理办法》。2006 年北京市公布了《北京市民政局关于健全完善社区居务公开制度的指导意见》。

1. 居务公开的主体

居务公开的主体是居民委员会。如《陕西省城市社区居务公开民主管理办法》规定，城市社区居民委员会应当按照县（市、区）人民政府民政部门制定的城市社区居务公开目录公开有关事项。《北京市民政局关于健全完善社区居务公开制度的指导意见》虽然对公开主体没有作出原则性规定，但居务公开的相关具体措施都是由社区居委会负责。如规定社区居委会统一整理审核公开材料；社区居委会张榜公开，公开内容长期存档备查；社区居委会按照居务公开的要求提交财务收支情况明细表和相关证明材料等。这些规定表明，居务公开的主体就是社区居委会。

2. 居务公开的内容

居务公开的内容在国家层面没有统一规定，从各地实践看，一般包括以下内容：

（1）城市社区服务事项和办事流程；

（2）各项惠民政策及其申办程序、享受人员名单和标准，政府购买公益服务的对象和内容；

（3）社会救助、政府补贴居民资金和捐赠款物的发放情况；

（4）公共基础设施建设项目的建设方案和资金使用等情况；

（5）城市社区居民委员会集体资产、工作经费、服务群众专项经费、债权债务、财务收支等情况；

（6）城市社区居民会议形成的决议事项及其实施情况；

（7）城市社区居民委员会制定的各项制度、任期工作目标、年度工作计划及实施情况；

（8）城市社区居民委员会及其成员履职情况；

（9）城市社区居民参与公益事业建设情况；

（10）其他应当公开的事项。

延伸阅读

以"居务公开"为着力点，让社区更和谐

山东省青岛市城阳区共有244个社区，其中农村社区230个。该区围绕社区规范化建设，以健全制度、规范程序、明确职责、抓好落实为着力点，推进居务公开民主管理工作进一步深化、细化，有效促进了"四大民主"的落实，保障了居民权益，推进了社区"三个文明"的协调发展

抓好"三化"，推进居务公开工作全面提升

事项细化。为提高居务公开效果，城阳区克服公开内容过于笼统，不利于监督的特点，切实将内容细化、精化。城阳区把原有社区经济社会发展规划和"两委"年度工作目标计划、财务收支状况、税费收缴情况、集体资产处置情况、土地出让租赁、社区干部工资、办公支出以及社区建设等12个方面与群众利益相关的问题全部列入公开内容，接受群众监督。同时，要求各社区将12个大项目内容进一步细化为多个小项和条目，并以表格的形式一一列出，内容力求详尽，使群众一目了然。

内容深化。城阳区立足区情、街情、居情，在居务公开方面既统一规范，又不搞一刀切。在经济方面，细分为发达社区、一般社区、后进社区，根据群众要求不同，确定公开事项；在政策方面，有旧村改造社区、工业团地规划社区、原村落社区，根据执行不同的社区建设发展政策，确定各自的公开细节；在集体收入来源方面，有土地出让及租赁、厂方租赁、集体企业承包、商业网点租赁、职工公寓等多种不同主体收入来源，对此，要求根据群众要求，采取符合本社区实际情况的民主协商议事制度、决策制度和公开方式。为使居务公开工作更好地体现时代性、群众性，突出当前群众关心的热点、难点问题。城阳区根据社会发展出现的新问题、新事项，及时增加公开内容。特别是针对涉及金额大、容易发生以权谋私、与群众关系密切的领域，如厂房租赁、旧村改造、福利保险支出等均纳入重点公开事项，确保群众权益不受侵害。

表述简化。城阳区要求各社区居务公开不但字迹清晰，查看方便，同时要求尽量使用通俗用语，公开数据时，要求明细详尽、清楚，必要时，加以解释说明，切实保障群众既要看得见，更要看得懂。同时，该区创立了"重要文件、居务送达制"，即由居民小组长将公开的重要文件、决议等送到每户，并对居民不明白的具体问题进行现场解释。对于反馈的意见，居民既可以交给居民小组长带回居委会，也可以直接送到居委会。通过这一形式，有效提高了居务公开的覆盖面。

落实"三责"，确保居务公开工作顺利推进

严格公开职责。对公开职责、程序进行明确规定，要求重大居务，首先广泛征求党员和居民的意见，提交"两委"会议研究讨论，形成初步方案，然后召集居民会议或居民代表大会进行讨论，最后将研究结果由社区党支部书记和居委会主任签字后，对外公开。对一般居务公开，经社区"两委"会议研究决定后及时对外公开。

居务公开采取公开栏为主，结合明白纸或召开村民会议、村民代表会议等形式开展。对于临时性、突发性事件，采取"一事一公开"的办法；对于常规性的工作，每月公开一次；对于时限较长需多次公开的事项，每进行一个阶段，公布一次进展情况。每年的1月30日，公布上一年度的各项财产、债权债务、收益分配等决算和下一年度的财务预算情况，每季度首月的15日公布上季度各项收入、支出情况。

明确督查职责。全区建立两级督察体系，层层签订责任书。城阳区社区建设指导委员会将居务公开工作纳入对各街道年终考核，建立月抽查、季检查制度。各街道社区建设指导小组负责本辖区内社区居务公开的协调领导，督查本街道居务公开工作，要求各社区根据自身实际制定居务公开详细方案，明确公开内容，创新公开方式。街道对各社区公开情况，随时检查，并上报检查情况。具体检查结果由区居务公开领导小组审核后，列入年终考核成绩。

　　落实监督职责。完善双向沟通机制，建立"三三"民情收集反馈制度。三种收集制度是：党员、群众代表联系户制度，要求每月向居委会提报联系户反映的情况，重大紧急事情随时反映；意见箱定点收集制度，在社区设立意见箱，收集和受理群众反映的问题；民主监督室制度，即设立民主监督室，日常工作分工、工作进展情况等存放在这里，居民可以随意察看，有问题可以随时提出。三种反馈机制：即"回音"制度，主要是在居务公开栏内开设"回音"专栏，及时将对居民反映问题的答复和处理情况予以公布，做到"条条有落实、件件有回音"；"民主咨询日"制度就是每月固定时间、地点，由社区居委会成员和民主理财小组成员答复群众对居务公开问题的提问，对群众意见做出解释；书面答复制度，就是对一些涉及面小或仅是个别居民的问题，用书面形式给予说明，由联系党员或居民代表送达。民情收集反馈制度的实施，既方便了群众反映问题，又确保了反馈效果，不但开拓了一条社区干群沟通的新路子，而且有效解决了以前群众对居务公开内容的不信任问题。

　　推行"四比""五抓"，深化居务公开工作

　　"四比"。一是比创新。本着有利于扩大群众的知情权、有利于发挥群众的监督权、有利于规范和推进居务公开工作的原则，提倡各社区结合实际进行居务公开创新，不论是公开渠道、内容、形式等，只要取得成效，群众反响良好，年终考核均给予加分。二是比特色。由于各社区发展的不平衡，导致需要公开的内容存在差别，因此要求各社区在重要内容上统一，在具体事项上突出自己重点，让群众明真情、知实事。三是比细化。要求各社区克服例行公事的粗略公开方式，在公开事项的细化上狠下功夫，确保群众看得懂，听得清。四是比规范。

严格落实《城阳区社区组织配套和规范化建设实施细则》，要求确保制度、组织、设施、责任四到位，使居务公开规范化建设得到有效保证。

"五抓"。一是抓硬件建设。统一公开栏、意见箱等设施，打好居务公开基础。二是抓制度建设。针对旧村改造、福利发放等新问题，及时制订有关文件，保障居务公开规范。三是抓组织配套。健全议事会、理财小组、监督小组等民主管理组织，落实居务公开机制。四是抓焦点热点。针对经济合同等热点问题，将其纳入议事和公开程序，释清群众疑问，丰富居务公开内容。五是抓沟通机制。以会、门（重要事项到门送达）、栏、纸、台（查询台）、本（民情记录本）六种方式进行民情收集、意见反馈，健全双向沟通机制，拓宽居务公开渠道。（曲立森，《社区》2010 年第 9 期）

三、村（居）务公开的形式和程序

（一）村务公开的形式和程序

1. 村务公开的形式

村民委员会组织法对不同事项公开的时间作出了不同规定，即一般事项至少每季度公布一次；集体财务往来较多的，财务收支情况应当每月公布一次；涉及村民利益的重大事项应当随时公布。

关于村务公开的形式，有关政策明确要求要坚持实际、实用、实效的原则，在便于群众观看的地方设立

完善村级重要事项、重大问题经村党组织研究讨论机制，全面落实"四议两公开"制度。

——2022 年 1 月 4 日中共中央、国务院《关于做好 2022 年全面推进乡村振兴重点工作的意见》

固定的村务公开栏，同时还可以通过广播、电视、网络、"明白纸"、民主听证会等其他有效形式公开。同时，要推进村务事项从办理结果的公开，向事前、事中、事后全过程公开延伸。要充分利用现代科学技术，不断创新村务公开的有效形式和手段。

2. 村务公开的程序

各地可根据其实际情况决定其公开的具体程序。但一般而言，要遵循以下基本程序：

（1）村民委员会根据本村的实际情况，依照法规和政策的有关要求提出公开的具体方案；

（2）村务公开监督小组对方案进行审查、补充、完善后，提交村、社区党组织和村民委员会联席会议讨论确定；

（3）村民委员会通过村务公开栏等形式及时公布。

（二）居务公开的形式和程序

对于居务公开，全国没有统一规定。各地根据当地实际情况作出相应规定。

1. 居务公开的形式

各地对于居务公开的形式作出了明确规定。如北京市规定以下公开形式：

（1）在社区居委会办公室、活动室内进行公开

社区常规性的公开内容可以在社区居委会办公室、活动室内进行公开。

（2）在居务公开栏内进行公开

动态性的公开内容必须放在居务公开栏内进行公开，规模较大、

楼院较多的社区，应在每个楼门院的公示牌内进行公开。并规定居务公开栏应设立在社区的显著位置，内容面积不得少于5平方米，有防雨、便于更换的设置。

（3）其他公开形式

各社区可结合本社区实际，采用内部电视、网络、居民会议、协商议事会、民主听证会等其他形式进行公开。

根据不同内容，在公开的要求上也有所不同。原则上，社区居民会议的决定、涉及居民利益的重大问题以及群众关心的事项、捐款捐物情况、社会救助和养犬登记等情况要随时公开；财务收支、管理使用情况每季度公开一次；一般的社区事项每半年公开一次；社区居委会职责分工、办事程序等事项要长期公开。

2. 居务公开的程序

社区居务公开一般要遵循以下程序：

（1）相关业务负责人做好公开事项的原始材料收集工作，按时向社区居委会提交公开事项材料。

（2）社区居委会统一整理审核公开材料，拟定社区居务公开方案，居务公开方案应当包括公开的内容、形式、程序和时间。

（3）社区民主监督小组对公开事项的内容进行审查，并提出意见。

（4）社区居民委员会实施城市社区居务公开方案，并报街道办事处备案。

（5）接受居民群众的监督，并及时调整补充。

城市社区居务应公开而未公开的，城市社区居民可以向城市社区居民委员会提出申请要求公开。

四、村（居）务公开的监督

随着村务公开制度在广大农村的普遍实行，依法公开村务已经成为主流，村务会依法应当公布的事项，主要涉及支农惠农政策，社会各界支持新农村建设的项目，新农村建设的各项资金及使用情况，农村集体资金、资产和资源处置情况，农村征地、环境污染、移民搬迁安置补偿费用的分配与使用情况，以及对村民委员会及其成员的村务监督、民主评议和经济责任审计结果等这些公开事项，不仅与村民群众的利益息息相关，而且与村民委员会成员的任职紧密相连。在有的村，有的村民委员会在讨论决定村务事项时不按照民主决策程序办理，村级财务处理不规范、使用不公开，甚至弄虚作假、侵犯村民的经济权利、人身权利、民主权利；有的村民委员会成员还存在利用职务之便侵占集体资产和资金、多吃多占、铺张浪费等行为。为了保障村民自治权利，必须对村务公开进行监管，保障党和国家政策的贯彻落实。

（一）村务公开的监督机构

村务监督机构要监督村务公开制度的落实。对于村务监督机构如何监督村务公开，法律没有明确规定。但国家有关文件作了规定，即要设立村务公开监督小组。村务公开监督小组成员经村民会议或村民代表会议在村民代表中推选产生，负责监督村务公开制度的落实。村干部及其配偶、直系亲属不得担任村务公开监督小组成员。村务公开监督小组及其成员应当热爱集体，公道正派，有一定的议事能力，其中应有具备财会知识的成员。村务公开监督小组要依法履行职责，认真审查村务公开各项内容是否全面、真实，公开时间是否及时，公开形式是否科学，公开程序是否规范，并及时向村民会议或村民代表会议报告监督情况。对不履行职责的成员，村民会议或村民代表会议有权罢免其资格。

健全村务公开制度，才能保障农民群众的知情权。群众对公布的内容有疑问的，可以口头或书面形式向村务公开监督小组投诉，村务公开监督小组对群众反映的问题应当及时进行调查，确有内容遗漏或者不真实的，应督促村民委员会重新公布；也可以直接向村党组织、村民委员会询问，村民委员会应在一定时间内予以解释和答复。村民委员会要对村务公开资料进行整理归档并妥善保管。

（二）查处违反村务公开规定的主体

乡、民族乡、镇的人民政府和县级人民政府及其有关主管部门，是负责查处村民委员会违反村务公开规定的主体。有关人民政府或者主管部门根据村民的反映，负责调查核实村民委员会不及时或不真实公布应当公布事项的行为，在查证属实的基础上，依法作出处理。乡、民族乡、镇的人民政府和县级人民政府及其有关部门，根据地方组织法的规定履行职权，不干预依法属于村民自治范围内的事情，但是对村民委员会开展工作负有指导、支持和帮助的职责，对实行村务公开和民主管理制度的情况，负有监督和管理职责。对此，各级党委和政府加强领导，采取得力措施，帮助和指导村级组织把村务公开和民主管理有关制度建立健全起来，并经常检查督促各项制度的贯彻落实。村务公开和民主管理工作，由组织、民政部门牵头，纪检监察、人事、农业等有关部门积极配合，各司其职，各负其责，齐抓共管。县、乡党委和政府还要及时受理群众来信、来访和申诉，及时化解社会矛盾，维护农村稳定。

（三）违反村务公开规定的责任

村民委员会违反村务公开规定的，要根据乡、民族乡、镇的人民政府和县级人民政府及其有关主管部门责令改正的要求，依法履行职责，公布应当由其公布的事项。责令依法公布，就是要求村民委员会按照法律、村民自治章程和国家有关规定要求的公布时间和事项，及时、全面、真实地加以公布：一是弄虚作假的，责令公布事实真相；二是公布不全面的，责令将未公布部分加以公布；三是名实不符、遗漏错误的，责令改正、重新公布；四是公布不及时的，责令按照规定的时间公布。

出现村民委员会不及时公布应当公布的事项或者公布的事项不真实的情况，要根据不同情况进行处理：一是工作不尽职的，应当对其批评教育，督促改正；可以将其履职情况与民主评议挂钩，连续两次评议不称职的，其职务终止。二是未经村民会议或者村民代表会议讨论决定，擅自以集体名义借贷，变更和处置村集体的土地、企业、设备、设施的，应当由相关责任人承担造成的损失。三是在工作中有截留、挪用、侵占、贪污集体资金、资产、资源，利用职权谋取非法利益以及造成涉及农民负担恶性案件等情况，构成违纪的，给予其党纪政纪处分；构成民事侵权的，依法承担民事责任；构成违法犯罪的，移送司法机关进行处理。

延伸阅读

运用新时代"后陈经验"提升基层监督效能

浙江省武义县坚持和深化习近平总书记对"后陈经验"8次重要指示批示精神，将"后陈经验"融入"清廉武义"建设全过程，推动完善基层监督体系，提升基层监督效能。

完善权力运行制衡机制，强化"权力受到约束"的核心要义。一是清单化束权。编制《武义县村级事务工作流程》，让村干部"按单履职"、群众"看单办事"、村监会（村监察工作联络站）"依单监督"，实现按流程透明办事、依制度全程束权。二是标准化督权。健全完善《村务监督工作规范》，明确村务监督工作的适用范围、组织建设、监督实施等标准体系。同步出台"村务监督20条"，对村务监督委员会工作职责、监督人选、工作方式等内容进行细化规范；建立小额支出事后评估等"村务监督十法"，使村务监督更加精准高效。三是民主化治权。推行"村级事务票决制"，对村集体收益分配、上级补助资金使用等涉及村民切身利益的村级事务，由村监察工作联络站全程监督，通过党员大会和村民代表大会投票方式进行决议，确保村级事务民主公开、体现民意、方案议而立决。

深入推进村级民主管理，夯实"村务全面公开"的工作基础。一是变单一财务公开为全范围公开。坚持"村级事务凡事皆可公开"，明确村级重大事务决策、"三资"情况、工程建设项目等30余项重点公开内容，实现从以往单纯的财务公开向集体资产保值增值、村庄建设工程管理、村干部勤廉情况等全范围公开。二是变事后结果公开为全过程公开。改变以往只公示村务决策结果、惠民资金发放名单、宅基地分配结果的情况，从通知、决议、审批、执行、结果等方面，进行全过程、全时段公开。三是变线下传统公开为全方位公开。在以往墙报、公开栏等"线下"公开方式基础上，依托"互联网"开辟数字电视点播、掌上武义手机APP、"清廉钉办"、百姓微信群等"线上"渠道，实现村里大事小事群众看得到、看得全、随时看。

　　畅通群众参与监督路径，彰显"群众有效监督"的本质属性。一是整合监督主体增强力量。选聘离退休老干部、两代表一委员、有专业特长的村民等为监察信息员，共同参与监督。健全村监会（村监察工作联络站）成员履职培训、激励考评、申诉保障等机制，锻造过硬村级监督队伍。充分发挥村监会（村监察工作联络站）、监察信息员贴近群众优势，广泛收集村民对村干部用权行为的监督意见。二是明确监督重点提升精度。围绕扶贫、民生、集体"三资"和村干部勤政廉政等9个重点领域，定期开展基层侵害群众利益问题专项整治活动，引导群众参与监督。三是丰富监督载体提高质效。完善"双述职"制度，每月15日村监会（村监察工作联络站）向党员、村民代表大会述职，汇报监督情况，听取意见建议，并接受信任度测评。

　　推动完善基层监督体系，实现"后陈经验"自我纠偏的根本目标。一是从"有形覆盖"向"有效覆盖"转变。加强乡镇纪检监察工作规范化建设，18个乡镇54名专职纪检监察干部全部配备到位；设立279个村社监察工作联络站，延伸基层监督触角。在国有企业、高校、医院设立监督委员会54个，并以派驻机构、乡镇监察办为运行枢纽，以村务、校务、院务、企务等基层监督组织人员为主体，分层分类组建监察员、联络员、信息员队伍。二是从"问题导向"向"源头治理"递进。综合考量涉村信访问题、村居巡察及日常监督检查发现问题、村情民意等因素，梳理制定村干部廉洁履职负面清单20条。根据负面事项危害、紧急程度，由低到高设立"绿蓝黄橙红"五色廉情等级。由乡镇纪委根据发现的问题，按月逐条逐村赋色，动态研判走势，及时采取廉政谈话、通报批评等预警纠偏措施，把风险解决在萌芽状态。

三是从"守正传承"向"开拓创新"深化。探索创新选派"第一书记"驻村包村、提级管理村级重大事项等制度，强化基层监督。探索运用大数据手段，打造集数据集成、分析研判、自动预警、公开查询为一体的"后陈经验"数字监督平台，拓宽将监督转化为治理效能的通道。

（《人民论坛网》2021 年 6 月 28 日，略有改动）

第七章 城乡社区协商

城乡社区协商是基层群众自治的生动实践，是社会主义协商民主建设的重要组成部分和有效实现形式。当前，随着新型工业化、信息化、城镇化、农业现代化的深入推进，我国经济社会发生深刻变化，利益主体日益多元，利益诉求更加多样。社区是社会的基本单元，加强城乡社区协商，有利于解决群众的实际困难和问题，化解矛盾纠纷，维护社会和谐稳定；有利于在基层群众中宣传党和政府的方针政策，努力形成共识，汇聚力量，推动各项政策落实；有利于找到群众意愿和要求的最大公约数，促进基层民主健康发展。

> 协商民主是我国社会主义民主政治的特有形式和独特优势，是党的群众路线在政治领域的重要体现。推进协商民主，有利于完善人民有序政治参与、密切党同人民群众的血肉联系、促进决策科学化民主化。
>
> ——习近平《关于〈中共中央关于全面深化改革若干重大问题的决定〉的说明》（2013年11月9日），《十八大以来重要文献选编》（上），中央文献出版社2014年版，第504页。

长期以来，广大人民群众利用基层群众自治这个主阵地和重要平台，积极开展城乡社区协商，依法行使民主权利，充分表达意愿和诉求。各地普遍建立了以村（居）民会议和村（居）民代表会议为主要载体的民主决策的组织形式，涉及村（居）民利益的重大事项，基本由村（居）民协商决定。

为发展基层民主，畅通民主渠道，开展形式多样的基层协商，推进城乡社区协商制度化、规范化和程序化，根据有关法律和《中共中央关于加强社会主义协商民主建设的意见》精神，2015 年 7 月 22 日中共中央办公厅、国务院办公厅印发了《关于加强城乡社区协商的意见》。《意见》明确了城乡社区协商的指导思想、基本原则、总体目标、组织领导。各地根据这个《意见》，结合本地实际制定了相应的实施办法。如 2016 年 11 月 15 日，内蒙古自治区党委办公厅、内蒙古自治区人民政府办公厅印发《关于加强城乡社区协商的实施意见》；2016 年 6 月 3 日，中共北京市委办公厅、北京市人民政府办公厅印发《关于加强城乡社区协商的实施意见》。

一、城乡社区协商的基本原则

加强城乡社区协商建设的指导思想是：以邓小平理论、"三个代表"重要思想、科学发展观、习近平新时代中国特色社会主义思想为指导，坚持党的领导、人民当家作主、依法治国有机统一，充分发挥社会主义制度的优越性，按照协商于民、协商为民的要求，以健全基层党组织领导的充满活力的基层群众自治机制为目标，以扩大有序参与、推进信息公开、加强议事协商、强化权力监督为重点，拓宽协商范围和渠道，丰富协商内容和形式，保障人民群众享有更多更切实的民主权利。

> 社会主义协商民主在我国有根、有源、有生命力，是中国共产党人和中国人民的伟大创造，是中国社会主义民主政治的特有形式和独特优势，是党的群众路线在政治领域的重要体现。
>
> ——习近平在中央全面深化改革领导小组第六次会议上的讲话（2014 年 10 月 27 日），《人民日报》2014 年 10 月 28 日。

在城乡社区协商中必须坚持以下基本原则：

（一）坚持党的领导，充分发挥村（社区）党组织在基层协商中的领导核心作用

中国共产党领导是中国特色社会主义最本质的特征，是中国特色社会主义制度的最大优势，也是加强城乡社区协商建设的根本保证。基层党组织十分重视发挥在城乡社区协商中的领导

> 党的领导是全面的、系统的、整体的，必须全面、系统、整体加以落实。健全总揽全局、协调各方的党的领导制度体系。
>
> ——摘自党的二十大报告

核心作用，大力加强对城乡社区协商工作的领导，把党的领导贯穿于城乡社区协商全过程、各环节和各方面，确保城乡社区协商始终沿着正确的政治方向前进。

基层党组织高度重视城乡社区协商工作，加强对城乡社区协商工作的领导和具体指导，城乡村（社区）党组织注意协商中出现的困难和问题，充分发挥城乡村（社区）党组织在协商工作中的领导核心作用，全面推进城乡村（社区）党务公开，建立健全党联系群众制度，加强基层党组织和党员队伍建设，组织鼓励和支持党员干部积极参与协商活动，引领城乡居民广泛参与协商实践。切实保障协商各方的知情权、参与权、表达权、监督权，积极推进党的基层民主建设，以党的民主带动和促进城乡社区协商发展。

（二）坚持基层群众自治制度，充分保障群众各项权利

基层群众自治制度是我国的基本政治制度，城乡社区民主协商是基层群众自治制度的有机组成部分。在城乡社区民主协商过程中，注重坚持基层群众自治制度，充分保障群众的知情权、参与权、表达权、

监督权，促进群众依法自我管理、自我服务、自我教育、自我监督。进一步健全完善基层群众自治制度的法律政策体系，为城乡居民开展民主协商提供法律政策支持。规范村（居）民会议、村（居）代表会议议事规则，充分发挥基层群众民主管理、民主协商的积极性主动性。扩大基层民主协商范围，改进基层民主协商方式，将民

> 人民群众是社会主义协商民主的重点。涉及人民群众利益的大量决策和工作，主要发生在基层。要按照协商于民、协商为民的要求，大力发展基层协商民主，重点在基层群众中开展协商。
>
> ——习近平《在庆祝中国人民政治协商会议成立六十五周年大会上的讲话》（2014年9月21日），《十八大以来重要文献选编》（中），中央文献出版社2016年版，第78页。

主协商贯穿于村（居）民自治始终，切实保障人民享有更多的民主权利。

（三）坚持依法协商，保证协商活动有序进行，协商结果合法有效。

依法治国是中国共产党领导人民治理国家的基本方略，也是社会文明进步的显著标志，还是国家长治久安的必要保障。依法治国，建设社会主义法治国家，是人民当家作主根本保证。社会主义协商民主始终坚持全面依法治国基本方略。开展城乡社区协商重视坚持法治原则，将城乡社区协商纳入法治化、制度

> 必须构建程序合理、环节完整的社会主义协商民主体系，确保协商民主有制可依、有规可守、有章可循、有序可遵。
>
> ——习近平《在庆祝中国人民政治协商会议成立六十五周年大会上的讲话》（2014年9月21日），《十八大以来重要文献选编》（中），中央文献出版社2016年版，第77页。

化轨道，确保了城乡社区民主协商合法有序进行，协商结果合法有效。

城乡社区协商坚持法治原则，一是将基层社区和基层群众创造的已经成熟、普遍适用的协商规则、程序、机制上升为法律规范，使之具有权威性、可靠性、稳定性。二是人民群众按程序规范有序参与，充分表达自己的权益，沟通和协调不同的利益和观点，通过适当的机制达成共识，形成决议并加以实施。三是既保证协商活动依法有序进行，同时又保障协商结果合法有效。

（四）坚持民主集中制，实现发扬民主和提高效率相统一，防止议而不决。

民主集中制是党和国家的根本组织制度和领导制度。在城乡社区协商实践中，坚持民主基础上的集中和集中指导下的民主相统一，实现充分发扬民主与提高效率相统一。在协商决策时，既依靠群众，广泛听取各方面意见建议，又根据程序和有关制度机制，有效推进协商进程，防止议而不决、决而不行。

（五）坚持协商于决策之前和决策实施之中，增强决策的科学性和实效性。

这一原则实质上是要求城乡社区协商要真协商，真民主。防止假协商、假民主。因此在城乡社区协商中要做

> 协商就要真协商，真协商就要协商于决策之前和决策之中，根据各方面的意见和建议来决定和调整我们的决策和工作，从制度上保障协商成果落地，使我们的决策和工作更好顺乎民意、合乎实际。
>
> ——习近平在庆祝中国人民政治协商会议成立六十五周年大会上的讲话》（2014年9月21日），《十八大以来重要文献选编》（中），中央文献出版社2016年版，第77页。

到：先协商，后决策。协商是决策的前提，没有协商就没有重大决策。在实施过程中，也要充分听取各方面的意见，尤其是利益相关方的意见，在实施中积极采纳各方面正确可行的意见建议，做到"先协商，后实施"。做到公开透明，求同存异，通过采纳各方面的意见建议，不断增强决策实施的科学性和实效性。

（六）坚持因地制宜，尊重群众首创精神，鼓励探索创新。

创新是一个民族发展的灵魂，是一个民族进步的不竭动力。发展社会主义协商民主，强调必须坚持创新理念。加强城乡社区协商，特别重视尊重基层群众的首创精神，大力鼓励群众从本地本社区实际出发不断扩大协商主体、拓展协商内容、健全协商制度、完善协商程序、丰富协商形式、增强协商成效。

二、城乡社区协商的主要内容

《关于加强城乡社区协商的意见》指出，要明确协商内容。要根据当地经济社会发展实际，坚持广泛协商，针对不同渠道、不同层次、不同地域特点，合理确定协商内容，主要包括：城乡经济社会发展中涉及当地居民切身利益的公共事务、公益事业；当地居民反映强烈、迫切要求解决的实际困难问题和矛盾纠纷；党和政府的方针政策、重点工作部署在城乡社区的落实；法律法规和政策明确要求协商的事项；各类协商主体提出协商需求的事项。

具体讲，城乡社区协商的主要内容有：

（一）社区公共事务和公益事业

在宏观上，凡是在国家治理范围之内，按照属地原则分担到社区，以社区为单位去组织、协调、运作的公共事务，就属于社区公共事务；在微观上，社区经济、社区教育、社区卫生、社区体育、社区文化、社区治安、社区服务以及社会福利、社会救济等都属于社区公共事务。

公益从字面的意思来看是为了公众的利益，它的实质则是社会财富的再次分配。根据公益事业捐赠法规定，公益事业是指非营利的下列事项：（1）救助灾害、救济贫困、扶助残疾人等困难的社会群体和个人的活动；（2）教育、科学、文化、卫生、体育事业；（3）环境保护、社会公共设施建设；（4）促进社会发展和进步的其他社会公共和福利事业。

（二）居民实际困难和矛盾纠纷

随着城乡一体化建设的加快、乡村振兴战略的逐步实施，在企业改制、房屋拆迁、土地征收、困难标准认定、各类补贴发放等问题上易引发认识上的不一致，特别是社区内不同主体具体利益的不同乃至矛盾，进而产生不稳定因素，由此可能在居民之间、居民与企业之间、居民与有关单位之间产生经济纠纷、环境卫生纠纷、影响生产生活的噪音问题纠纷等，这些都需要用民主协商的方式保障人民群众的知情权、参与权、表达权、监督权。

> 凡是涉及群众切身利益的决策都要充分听取群众意见，通过各种方式、在各个层级、各个方面同群众进行协商。要完善基层组织联系群众制度，加强议事协商，做好上情下达、下情上传工作，保证人民依法管理好自己的事务。
>
> ——习近平《在庆祝中国人民政治协商会议成立六十五周年大会上的讲话》（2014年9月21日），《十八大以来重要文献选编》（中），中央文献出版社2016年版，第78页。

（三）方针政策、重点工作部署在城乡社区的落实

根据居民委员会组织法和村民委员会组织法的规定，居民委员会、村民委员会有法定义务宣传党和国家法律政策、办理公共事务和公益事业、调解民间纠纷、发展文化事业、维护居民合法权益等职责。但是居民委员会、村民委员是群众性自治组织，不具有国家强制力，因此在开展工作方面很大程度上需要通过协商的方式来进行，这既是其开展工作所需，也是其工作特色之一。

（四）法律、法规、政策规定的事项

村民委员会、居民委员会虽是基层群众性自治组织，但是根据相关法律规定，村民委员会、居民委员会也要坚持法治原则，必须执行党的方针政策。法律规定需要经过协商的，就必须要经过民主协商的程序，否则就不具有合法性。比如，村民委员会组织法第二十四条规定，涉及村民利益的下列事项，经村民会议讨论决定方可办理：（1）本村享受误工补贴的人员及补贴标准；（2）从村集体经济所得收益的使用；（3）本村公益事业的兴办和筹资筹劳方案及建设承包方案；（4）土地承包经营方案；（5）村集体经济项目的立项、承包方案；（6）宅基地的使用方案；（7）征地补偿费的使用、分配方案；（8）以借贷、租赁或者其他方式处分村集体财产；（9）村民会议认应当由村民会议讨论决定的涉及村民利益的其他事项。此处"讨论决定"包含讨论和决定两个程序，"讨论"指的就是必须要经过协商讨论的程序。

（五）各类协商主体提出的事项

在新时代，社区治理主体专业化、多元化发展趋势明显。除传统

的社区主体外，一些新型的社区主体也蓬勃兴起，如各类社区社会组织（有不少是公益组织）、业主委员会、农民合作组织、物业服务企业和当地户籍居民、非户籍居民代表等，这些都可以作为协商主体，均可以提出协商要求。在社区治理中，新型社会治理主体提出的事项也日益成为城乡社区协商的重要内容和对象。

三、城乡社区协商的主体

根据《关于加强城乡社区协商的意见》，城乡社区协商的主体有：基层政府及其派出机关、村（社区）党组织、村（居）民委员会、村（居）务监督委员会、村（居）民小组、驻村（社区）单位、社区社会组织、业主委员会、农村集体经济组织、农民合作组织、物业服务企业和当地户籍居民、非户籍居民代表以及其他利益相关方可以作为协商主体。涉及行政村、社区公共事务和居民切身利益的事项，由村（社区）党组织、村（居）民委员会牵头，组织利益相关方进行协商。涉及两个以上行政村、社区的重要事项，单靠某一村（社区）无法开展协商时，由乡镇、街道党委（党工委）牵头组织开展协商。人口较多的自然村、村民小组，在村党组织的领导下组织居民进行协商。专业性、技术性较强的事项，可以邀请相关专家学者、专业技术人员、第三方机构等进行论证评估。协商中应当重视吸纳威望高、办事公道的老党员、老干部、群众代表，党代表、人大代表、政协委员，以及基层群团组织负责人、社会工作者参与。

四、城乡社区协商的形式

坚持村（居）民会议、村（居）民代表会议制度。各地根据本地实际情况，积极探索村（社区）居民议事会、理事会、民情恳谈会、村（社区）治理委员会、决策听证会、民主评议、小区协商、业主协商等多种形式，以民情恳谈日、村（居）民论坛、妇女儿童之家等平台，开展灵活多样的协商活动。其中小区协商、业主协商要主动接受村（社区）党组织和村（居）民委员会的指导。

根据参与主体情况和协商事项，采取不同的协商形式：

（一）会议协商

涉及面广、关注度高的重大事务决策、重点基础设施建设、全局性工作安排等事项，应结合协商内容，灵活采取村（居）民会议、村（居）民代表会议、村（居）民议事会、理事会、监督会、决策听证会、论证评估会、民主评议会等形式，充分讨论协商，听取各方意见建议，并将村（居）民会议、村（居）民代表会议作为协商的最终形式。

（二）对话协商

涉及楼宇（小区）和小组（自然村）等局部事务或部分群众利益的事项，采取走访座谈、约请面谈、民主恳谈等形式，面对面征询群众意见建议。

（三）书面协商

涉及特定事项或个别问题，采取《征求意见书》《告知函》等书面形式，广泛征求驻村（社区）单位、社区社会组织、业主委员会、农村集体经济组织、农民合作组织、物业服务企业和当地户籍居民、非户籍居民代表以及其他利益相关方的意见。

（四）网络协商

推进城乡社区信息化建设，开辟社情民意网络征集渠道，采取网上公示、网上征询意见、网上民意调查、微信、QQ群等形式，为城乡居民搭建网络协商平台。

五、城乡社区协商的程序

城乡社区协商需要规范化、程序化、科学化。但是，各地还存在协商发展不平衡、协商程序不规范、协商制度化建设滞后等问题。针对这一问题，《关于加强城乡社区协商的意见》提出要"规范协商程序"，并提出了协商程序的指导性意见：村（社区）党组织、村（居）民委员会在充分征求意见的基础上研究提出协商议题，确定参与协商的各类主体；通过多种方式，向参与协商的各类主体提前通报协商内容和相关信息；组织开展协商，确保各类主体充分发表意见建议，形成协商意见；组织实施协商成果，向协商主体、利益相关方和居民反馈落实情况等。对于涉及面广、关注度高的事项，要经过专题议事会、民主听证会等程序进行协商。通过协商无法解决或存在较大争议的问题或事项，应当提交村（居）民会议或村（居）民代表会议决定。跨村（社区）协商的协商程序，由乡镇、街道党委（党工委）研究确定。

各地还根据本地方的实际情况，建立分层次分类别的协商制度与协商程序。

（一）村（社区）协商的程序

各地方根据当地实际建立起村（社区）协商制度，建立健全村（社区）党组织领导，村（居）民委员会主导，业主委员会、物业公司、村（社区）社会组织、驻村（社区）单位、村（社区）经济组织、村（居）民代表等利益相关方参与的村（社区）协商制度，构建村（社区）多元主体参与社区治理的平台和机制。

村（社区）协商一般有以下基本程序：

1. 提出协商议题，确定协商主体

村（社区）党组织、村（居）民委员会在充分征求意见的基础上，先由村（社区）党组织研究提出协商议题。对于涉及村（社区）各类主体的村（社区）公共事务、公益事业，村（居）民反映强烈、迫切需要解决的问题和矛盾纠纷，需要在村（社区）落实的党和政府重点部署的工作任务等，一般应由村（社区）党组织先提议。对于参与协商的各类主体，一般由村（社区）党组织、村（居）民委员会共同确定。

2. 通报协商内容和相关信息

协商公开透明，通过多种方式向参与协商的各类主体提前通报协商内容和相关信息，确保各类协商主体的知情权、参与权，为真正协商、民主协商打下坚实基础。

3. 组织开展协商，形成协商意见

组织开展协商，由村（社区）党组织和村（居）民委员会牵头。在协商过程中，确保各类协商主体充分发表意见建议。根据各类协商主体的意见建议，形成共同的协商意见。通过协商无法达成一致意见或存在较大争议的问题和事项，可以另行组织协商；仍不能达成共识的，提交村（居）民会议或村（居）民代表会议表决。

4. 组织实施协商成果，积极反馈落实情况

涉及村（社区）各类主体的村（社区）公共事务、公益事业，村（居）民反映强烈、迫切需要解决的问题和矛盾纠纷，需要在村（社区）落实的党和政府重点部署的工作任务等，经过多元主体参与的城乡社区协商后，形成一致意见的，由村（社区）党组织和村（居）民委员

会共同办理。涉及村（居）民切身利益的事项，经协商取得一致意见的，需召开村（社区）党员大会对协商结果进行审议后，由村（社区）党组织、村（居）民委员会组织实施。法律法规明确由村（居）民会议或村（居）民代表会议讨论决定办理的事项，须经村（居）民会议或村（居）民代表会议讨论通过后组织实施。

村（社区）党组织对协商成果先期审议通过后，向协商主体、利益相关方和村（居）民反馈落实情况。

（二）跨村（社区）协商的程序

有的地方根据本地实际，建立了跨村（社区）的协商制度。

跨村（社区）协商的程序主要有：

1. 提出协商议题，确定协商主体

涉及跨村（社区）之间的事项或村（社区）与其他组织单位的协商，仅靠某一村（社区）牵头无法协商时，一般由乡镇（街道）党委（党工委）牵头组织开展协商。乡镇（街道）党委（党工委）应在充分征求各类主体意见的基础上研究提出协商议题，确定参与协商的各类主体。一般应将威望较高、办事公道的老党员、老干部、群众代表，党代表、人大代表、政协委员，以及基层群团组织负责人、社会工作者吸收到协商活动中来，提高协商议事的公信力和权威性。

2. 通报协商内容和相关信息

跨村协商坚持公平公正公开原则，通过多种方式向参与协商的各类主体提前通报协商内容和相关信息，确保各类协商主体的知情权、参与权、监督权。

3. 组织开展协商，形成协商意见

组织开展跨村协商，一般由乡镇（街道）党委（党工委）牵头组织进行。在协商过程中，确保各类协商主体，特别是不同村（社区）协商主体充分发表意见建议。根据各类协商主体的意见建议，形成共同的协商意见。协商无法达成一致意见或存在较大争议的问题和事项，可以另行组织协商；仍不能达成共识的，应当召开多元主体参加的会议进行表决。

4. 组织实施协商成果，积极反馈落实情况

乡镇（街道）党委（党工委）组织实施协商成果，并向协商主体、利益相关方和村（居）民反馈落实情况。

（三）楼宇（小区）和小组（自然屯）协商的程序

有的地方为了更好实施社区民主协商，分类别、分地区建立起楼宇（小区）和小组（自然屯）协商制度，完善了村（社区）居民微自治和微治理机制。

楼宇（小区）和小组（自然屯）协商的程序主要有：楼宇（小区）和小组（自然屯）党组织或楼宇（小区）长、小组（自然屯）长根据本区域群众意见研究提出协商议题；通过多种方式向群众提前通报协商内容和相关信息；组织开展协商，确保群众充分发表意见建议，形成协商意见；组织实施协商成果，向群众反馈落实情况。涉及楼宇（小区）和小组（自然屯）群众重大切身利益的事项，形成一致协商意见后，召开楼宇（小区）和小组（自然屯）的村（居）民会议表决后组织实施。

六、协商成果的运用

建立协商成果采纳、落实和反馈机制。需要村（社区）落实的事项，村（社区）党组织、村（居）民委员会及时组织实施，落实情况在规定期限内通过村（居）务公开栏、社区刊物、村（社区）网络论坛等渠道公开，接受群众监督。受政府或有关部门委托的协商事项，协商结果及时向基层政府或有关部门报告，基层政府和有关部门认真研究吸纳后，并以适当方式反馈。对协商过程中持不同意见的群众，协商组织者及时做好解释说明工作。协商结果违反法律法规的，基层政府应当依法纠正，并做好法治宣传教育工作。

延伸阅读

社区协商"三字经"

社区协商是全过程人民民主的生动实践，具有鲜明的中国特色。要使社区协商取得成效，获得基层人民群众拥护，必须坚持"先、真、多"这一"三字经"。

社区民主协商强调"先"，做到有事就协商、遇事先协商。在基层社会治理过程中，要有沟通对话意识，始终坚持优先协商。解决基层社区中的各种问题，首先考虑以协商的方式。优先协商，经过协商的民主程序再集中，经过协商的方法再启用别的方法。特别是法律法规及政策明确要求协商的、所涉事务外部性强的、群众关心程度高的、协商对话成本收益合适的治理事项，更需要做到先协商。

社区民主协商要"真"，协商就要真协商。真协商要求将协商民主贯穿于基层社区讨论决策工作全过程，既要在决策之前协商，也要在决策之中协商，在决策实施时也要协商。真协商要求尊重各方面的意见和建议，决策和工作不能自说自话、自以为是，而是要根据各方面的意见和建议来决定和调整。真协商要求协商成果能真正落地。

社区民主协商要"多"，做到充分协商。只有协商得够多、够深入，才能发现最真实的诉求及其背后的深层次原因、才能找到问题的解决办法、才能有最大限度的共识，也才能增加彼此的感情、实现相互团结。正如习近平总书记指出的，"我们要坚持有事多商量，遇事多商量，做事多商量，商量得越多越深入越好"。

延伸阅读

"八步议事"模式 社区协商独具特色

2020年，某市出台了《深入推进城乡社区协商工作实施方案》，对城乡社区协商制度、协商内容、协商主体、协商形式和协商成果运用都作出具体规定和要求。

根据中共中央办公厅、国务院办公厅印发的《关于加强城乡社区协商的意见》和某市《深入推进城乡社区协商工作实施方案》，该市全面开展村（居）民议事协商会、村（居）民代表大会、民主评议等多种形式的协商会议，充分利用党群议事厅、"小板凳"议事会、妇女之家等协商平台，开展协商议事。这些协商议事活动，严格按照法律规定和国家政策进行，并建立起协商成果采纳、落实和反馈机制，接受群众监督，保证协商成果落地。

在广泛的社区协商实践活动基础上，该市形成了独具特色的"八步议事"民主协商模式。

——多种渠道"提议题"。通过召开专题座谈会、社区事务商谈会等渠道，发动群众面对面、背靠背提问题。

——多方恳谈"出主意"。召集相关利害关系人、单位代表及居民代表民主恳谈，提出解决问题的初步建议。

——议事组织"拟方案"。村（居）民议事会根据初步建议，拟定解决问题草案。

——多方协商"达共识"。组织相关人员开展民主协商，达成协商共识。

——专家审查"定公约"。聘请法律、社会管理专业人士审查修订的方案。

——居民表决"说了算"。将制定的公约或方案提交村（居）民代表会议审议，经三分之二以上代表同意后实施。

——"两委"督促"抓落实"。及时召开"两委"班子联席会议，将协商制定的公约交由相关责任单位组织实施和办理，依据"谁负责、谁执行"和"谁受益、谁监督"的原则进行跟踪督办。

——结果公示"全透明"。将协商结果进行公示，通过各种方式定期通报决策或项目进展情况。

"八步议事"民主协商模式有序引导城乡居民在社区公共事务和公益事业中依法自我服务、自我管理、自我监督、自我教育，促进了城乡社区和谐稳定，对实现社会治理体系和治理能力现代化具有十分重要的意义。

第八章 村（居）民公约

　　村规民约、居民公约是基层群众在村（居）民自治中，依据党的方针政策和国家法律法规，结合本村（居）实际，为维护本村（居）的社会秩序、社会公共道德、村风民俗、精神文明建设等方面制定的约束规范村（居）民行为的一种规章制度，是村（居）民进行自我管理、自我服务、自我教育、自我监督的行为规范，是引导基层群众践行社会主义核心价值观的有效途径，是健全和创新党组织领导下自治、法治、德治相结合的现代基层社会治理机制的重要形式。

　　村民委员会组织法规定："村民会议可以制定和修改村民自治章程、村规民约，并报乡、民族乡、镇的人民政府备案。村民自治章程、村规民约以及村民会议或者村民代表会议的决定不得与宪法、法律、法规和国家的政策相抵触，不得有侵犯村民的人身权利、民主权利和合法财产权利的内容。村民自治章程、村规民约以及村民会议或者村民代表会议的决定违反前款规定的，由乡、民族乡、镇的人民政府责令改正。"居民委员会组织

乡村振兴不能只盯着经济发展，还必须强化农村基层党组织建设，重视农民思想道德教育，重视法治建设，健全乡村治理体系，深化村民自治实践，有效发挥村规民约、家教家风作用，培育文明乡风、良好家风、淳朴民风。

——2022年3月6日习近平在参加全国政协十三届五次会议农业界、社会福利和社会保障界委员联组会时的讲话

法规定："居民公约由居民会议讨论制定，报不设区的市、市辖区的人民政府或者它的派出机关备案，由居民委员会监督执行。居民应当遵守居民会议的决议和居民公约。居民公约的内容不得与宪法、法律、法规和国家的政策相抵触。"村规民约、居民公约分别由村民会议、居民会议制定。法律对制定的主体、程序和要求都作了明确规定。

一、村（居）民公约的性质

村规民约、居民公约，是村（居）民自己的"小宪法"，是村（居）民共同认可的"公约"，是村（居）民实施自治的基本依据。它是村（居）民基于法律的授权，根据当地的实际情况，依照村（居）民集体的意愿，经过民主程序而制定的规章制度。村规民约、居民公约的内容主要分为两个方面。一方面是规定村（居）民的行为，应该怎么做，另一方面则是规定村（居）民违反和破坏规章制度的处理条款，主要有进行教育、给予批评、作出书面检查等内容。

村规民约、居民公约是村（居）民会议基于村民委员会组织法、居民委员会组织法授权而制定的，因此，只要遵循了法定程序且内容合法，就具有一定拘束效力，换句话说，村（居）民都应当受其约束。村规民约、居民公约，不仅是村（居）民自治的依据，也是村民会议或村民委员会、居民会议或居民委员会对当地村（居）进行管理的依据。驻村（居）的机关、团体、部队、企业、事业单位的人员，虽然不参加村（居）民委员会组织，也应当遵守有关的村规民约、居民公约，自觉地约束自己的行为。

村规民约、居民公约是基于法律授权而制定的，是用来填补法律空白的，而不是用来替代法律的，更不能与已有的法律相冲突。村规民约、居民公约中的内容，凡是违反法律强制性规定的或与现行法律相冲突的，均不具有约束效力，不能够用来约束村（居）民。村规民约、居民公约，虽然是村（居）民通过村民会议自主制定的，但这并不意味着村（居）民们愿意怎么制定就怎么制定。"合法性"是对村规民约、居民公约最基本的要求，村规民约、居民公约不得含有侵犯村（居）民的人身权利、财产权利、民主权利等合法权利。如果村规民约、居民公约中含有侵犯村（居）民权利的条款，即使已经过村（居）民会议的多数同意，在法律上也是无效的。

对村（居）民处罚权的设定，直接影响到村（居）民的人身权和财产权，因此，只能由法定机关依照法定程序来制定。村民会议、居民会议，并非国家机关，作为基层群众自治组织，无权擅自设定处罚权。村（居）民行为如果违反了治安管理处罚法，应由公安机关对其行为依法进行行政处罚。

二、村（居）公约的主要内容

村规民约、居民公约内容一般应包括：

（一）规范日常行为

村规民约、居民公约倡导爱党爱国，践行社会主义核心价值观，正确行使权利，认真履行义务，积极参与公共事务，共同建设和谐美好村、社区等。

> 将社会主义核心价值观融入居民公约、村规民约，内化为居民群众的道德情感，外化为服务社会的自觉行动。
>
> ——2017 年 6 月 12 日《中共中央 国务院关于加强和完善城乡社区治理的意见》

（二）维护公共秩序

维护生产秩序，诚实劳动合法经营，节约资源保护环境；维护生活秩序，注意公共卫生，搞好绿化美化；维护社会治安，遵纪守法，勇于同违法犯罪行为、歪风邪气作斗争等。

（三）保障群众权益

坚持男女平等基本国策，依法保障妇女儿童等群体正当合法权益等。

（四）调解群众纠纷

坚持自愿平等，遇事多商量、有事好商量，互谅互让，通过人民调解等方式友好解决争端等。

（五）引导民风民俗

弘扬向上向善、孝老爱亲、勤俭持家等优良传统，推进移风易俗，抵制封建迷信、陈规陋习，倡导健康文明绿色生活方式等。

村规民约、居民公约要坚持问题导向，尤其要针对滥办酒席、天价彩礼、薄养厚葬、攀比炫富、铺张浪费，"等靠要"、懒汉行为，家庭暴力、拒绝赡养老人、侵犯妇女特别是出嫁、离婚、丧偶女性合法权益，涉黑涉恶、"黄赌毒"

> 依靠群众因地制宜制定村规民约，提倡把喜事新办、丧事简办、弘扬孝道、尊老爱幼、扶残助残、和谐敦睦等内容纳入村规民约。以法律法规为依据，规范完善村规民约，确保制定过程、条文内容合法合规，防止一部分人侵害另一部分人的权益。
>
> ——2019 年 6 月 23 日中共中央办公厅、国务院办公厅印发《关于加强和改进乡村治理的指导意见》

等突出问题，提出有针对性的抵制和约束内容。村规民约、居民公约一般还应针对违反的情形，提出相应惩戒措施。

村规民约、居民公约一般由名称、正文、审议主体、日期四部分组成。名称一般为《XX 村村规民约》、《XX 社区居民公约》；正文可采取结构式、条款式、三字语、顺口溜、山歌民歌等各种表述形式，应简洁明了、贴近群众生产生活、易于掌握和遵守；审议主体为 XX 村村民会议、XX 社区居民会议；日期为实施生效的具体时间。

三、村（居）公约的制定程序

村规民约、居民公约的制定或修订，一般应经过以下几个步骤：

（一）征集民意

村（社区）党组织、村（居）民委员会广泛征求群众意见，提出需要规范的内容和解决的问题。

（二）拟定草案

村（社区）党组织、村（居）民委员会就提出的问题和事项，组织群众广泛协商，根据群众意见拟定村规民约或居民公约草案，同时听取驻村或社区党代表、人大代表、政协委员、机关干部、法律顾问、妇联执委等意见建议。

（三）提请审核

村（社区）党组织、村（居）民委员会根据有关意见修改完善后，报乡镇党委、政府（街道党工委、办事处）审核把关。

（四）审议表决

村（社区）党组织、村（居）民委员会根据乡镇党委、政府（街道党工委、办事处）的审核意见，进一步修改形成审议稿，提交村（居）民会议审议讨论，根据讨论意见修订完善后提交会议表决通过。表决应遵循村民委员会组织法、城市居民委员会组织法相关规定，并应有一定比例妇女参会。未根据审核意见改正的村规民约、居民公约不应提交村（居）民会议审议表决。

（五）备案公布

村（社区）党组织、村（居）民委员会应于村（居）民会议表决通过后十日内，将村规民约、居民公约报乡镇党委、政府（街道党工委、办事处）备案，经乡镇党委、政府（街道党工委、办事处）严格把关后予以公布，让群众广泛知晓。

村规民约、居民公约在保持相对稳定的同时，可根据当地经济社会发展、群众需求变化以及社情民意等进行修订，修订程序参照制定程序执行。

四、村（居）公约的监督落实

乡镇党委、政府（街道党工委、办事处）将村规民约和居民公约工作落实情况的督促检查，作为基层组织建设的经常性工作，纳入村（社区）"两委"班子目标责任考核内容，防止流于形式、成为摆设。村（居）务监督委员会加强对村规民约、居民公约遵守情况的监督，村（社区）"两委"成员、人民调解员、村（社区）妇联执委和德高望重、办事公道的群众代表共同参与监督。充分发挥村（居）民议事会、人民调解委员会、道德评议会、红白理事会、禁毒禁赌会等群众组织的作用，强化村规民约、居民公约的遵守和落实。注重健全完善奖惩机制，通过开展模范村（居）民评选、文明家庭创建等活动，促进村规民约、居民公约的遵守和落实。对违反村规民约、居民公约的情形，加强批评教育，并通过合理的处理方式，使违反者受到教育、改正错误，但不滥用强制处罚，避免简单以罚代教。对可能构成违法犯罪的事件，及时提请司法机关认定处理，防止以村规民约、居民公约代替法律制裁。

延伸阅读

江苏省昆山市周市镇市北村村规民约

一、总则篇

市北村居民，立章树正气。人人爱市北，市北为人人。

规矩大家定，条条都是令。规约人人记，违反要批评。

二、个人品德篇

爱党爱祖国，道德素质高。青年服兵役，守疆保祖国。

学法又用法，权益得保障。琐事让三分，听人不吃亏。

善用互联网，分清是与非。信教须慎重，邪教害自己。

开车不抢先，酒驾很危险。文体娱乐好，生活更美好。

三、家庭美德篇

敬老增福寿，子女懂感恩。夫妻平等处，互敬共勉励。

兄弟姐妹亲，家和万事兴。优生优育好，男女都是宝。

邻里重情谊，互助如兄弟。办事不攀比，实惠又节俭。

窗门水电气，安全要牢记。

四、职业道德篇

诚信心中记，利人更利己。正业谋发展，勤劳同富裕。

耕地禁荒废，科学增收益。义工积极去，公益多参与。

五、社会公德篇

明礼要常记，待人如待己。公物要爱惜，损坏要赔偿。

垃圾不乱丢，环境更美丽。宠物严管理，伤人早处置。

扬善又除恶，勇者是榜样。打击黄赌毒，造福下一代。

六、民主自治篇

村事民来议，心齐泰山移。意见逐级提，不闹有规矩。

建房先审批，违章要拆除。民事村来帮，惠民办实事。

纠纷有调解，省事又免费。你我同追逐，共圆市北梦。

延伸阅读

北京市东城区朝阳门街道史家社区公约

当您来到史家社区时，您将成为我们胡同的友好伙伴，请您自觉遵守史家社区公约。

1. 尊老爱幼，奉献爱心，关爱空巢老人，相互包容，关心、交心。

2. 邻里团结，相互照应，该主持正义的时候大家要站出来。

3. 孩子打架时，大人先管好自家孩子，居民间要相互谅解。

4. 邻里间要以礼相待，接受别人帮助时要道谢。

5. 从娃娃抓起，教育下一代做讲文明、有道德、懂礼貌的人。

6. 严格控烟，在公共场所不吸烟。

7. 租户应自觉到相关部门办理暂住证。

8. 租户应将联系电话告知楼门院长或者邻居，便于联系。

9. 珍爱生命，远离毒品。

10. 保护胡同原始风貌，遵守修旧如旧原则。

11. 加强文物保护意识，爱护院内的树木、原有的砖瓦、墙壁和其他结构。

12. 要时常清扫家门口的卫生。

13. 主动制止乱张乱贴等不良行为。

14. 严守法令，绝不酒驾肇事。

15. 车辆停放规范有序，互谅互让。

16. 逢年过节，只在指定地点燃放烟花爆竹。

17. 及时清理院内及楼道间堆放的杂物，防范火灾发生。

18. 加强居民间治安宣传，留意陌生人员。

19. 居民要提高警惕，防范各类诈骗、溜门撬锁、入室盗窃等不法行为。

20. 文明养犬，遛狗时要拴好狗链，自觉清理宠物粪便。

21. 定期去派出所办理宠物年检等相关手续。

22. 讲究公共卫生做好垃圾分类。

23. 爱护居住环境，减少噪音污染。

第九章 企事业单位民主管理制度

党和政府一直以来高度重视发展和谐劳动关系。习近平总书记多次对加强企业民主管理作出重要指示，强调要健全以职工代表大会为基本形式的企事业单位民主管理制度，组织职工依法实行民主选举、民主协商、民主决策、民主管理、民主监督，更加有效地落实职工群众的各项民主权利。党的十八大提出全心全意依靠工人阶级，健全以职工代表大会为基本形式的企事业单位民主管理制度，保障职工参与管理和监督的民主权利。党的十八届三中全会提出，要健全以职工代表大会为基本形式的企事业单位民主管理制度，

> 要推进基层民主建设，健全以职工代表大会为基本形式的企事业单位民主管理制度，更加有效地落实职工群众的知情权、参与权、表达权、监督权。要尊重人民首创精神，甘当人民群众小学生，把蕴藏于工人阶级和广大劳动群众中的无穷创造活力焕发出来，把工人阶级和广大劳动群众智慧和力量凝聚到推动各项事业上来。
>
> ——习近平在庆祝"五一"国际劳动节暨表彰全国劳动模范和先进工作者大会上的讲话（2015年4月28日），人民出版社单行本，第6页。

加强社会组织民主机制建设，保障职工参与管理和监督的民主权利。党的十九大提出坚持以人民为中心的发展思想，强调构建和谐劳动关系。企事业单位民主管理是构建和谐劳动关系的重要内容，对建立完善科学有效的利益协调、诉求表达、矛盾调处、权益保障机制具有重

要作用。党的十九届四中全会将健全以职工代表大会为基本形式的企事业单位民主管理制度，作为坚持和完善人民当家作主制度体系、发展社会主义民主政治的一项重要内容，提出要全心全意依靠工人阶级，健全以职工代表大会为基本形式的企事业单位民主管理制度，探索企业职工参与管理的有效方式，保障职工群众的知情权、参与权、表达权、监督权，维护职工合法权益。党的

> 着力推进民主管理制度机制建设。推动各级党委、政府把健全以职工代表大会为基本形式的企事业单位民主管理制度纳入地方"平安中国"建设，主动融入党政工作大局，防范化解劳动关系纠纷。加强部门协调联动，以非公有制企业为重点，推动各类型企事业单位建立职代会和厂务公开制度，推动设立董事会、监事会的公司制企业建立健全职工董事职工监事制度。
>
> ——2021 年全国企业民主管理工作要点

二十大报告提出，全心全意依靠工人阶级，健全以职工代表大会为基本形式的企事业单位民主管理制度，维护职工合法权益。

可见，随着对中国特色社会主义民主认识的不断深化，我国基层民主自治制度的内容也日益丰富，有着数十年发展历程的企事业民主管理，已经成为我国基层民主政治建设的一项重要制度。它是中国特色社会主义制度的重要组成部分，是国家治理体系和治理能力的重要内容，是坚持和完善中国特色社会主义制度、推进国家治理体系和治理能力现代化的重要抓手。

一、企事业单位民主管理的内涵

企事业单位民主管理，是指根据宪法法律和有关规定，企事业单位普遍建立以职工代表大会为基本形式，以厂务公开制度、职工董事

制度、职工监事制度为主要内容的民主管理制度。职工通过这些民主管理制度，参与企事业单位管理，维护单位职工合法权益，实现单位与职工协商共事、机制共建、效益共创、利益共享。建立和完善企事业单位民主管理制度，是坚持和完善人民当家作主制度体系，发展社会主义民主政治，推进国家治理体系和治理能力现代化的重要内容。

在我国，职工参与企事业民主管理，是法律赋予的权利。

坚持全心全意依靠工人阶级的方针，是坚持党对国有企业领导的内在要求。要健全以职工代表大会为基本形式的民主管理制度，推进厂务公开、业务公开，落实职工群众知情权、参与权、表达权、监督权，充分调动工人阶级的积极性、主动性、创造性。企业在重大决策上要听取职工意见，涉及职工切身利益的重大问题必须经过职代会审议。要坚持和完善职工董事制度、职工监事制度，鼓励职工代表有序参与公司治理。

——2016 年 10 月 10 日习近平在全国国有企业党的建设工作会议上强调

我国《宪法》《工会法》《劳动法》《公司法》等法律法规对推行企事业民主管理作出明确规定。《宪法》第十六条规定，国有企业依照法律规定，通过职工代表大会和其他形式，实行民主管理。《工会法》第六条规定，工会依照法律规定通过职工代表大会或者其他形式，组织职工参与本单位的民主选举、民主协商、民主决策、民主管理和民主监督。《劳动法》第八条规定，劳动者依照法律规定，通过职工大会、职工代表大会或者其他形式，参与民主管理或者就保护劳动者合法权益与用人单位进行平等协商。

党中央和国务院高度重视企事业单位民主管理工作。2015 年 3 月，中共中央、国务院发布了《关于构建和谐劳动关系的意见》。《意见》

指出，推进企业普遍建立职代会制度。中央组织部、国务院国资委等六部门联合下发的《企业民主管理规定》，明确在社会主义市场经济条件下，所有的企业不分所有制都要实行民主管理，消除了非公企业实行民主管理的困扰，为其实行职代会、厂务公开、职工董事职工监事等制度，保障职工行使民主管理权利，提供了强有力的政策支持和制度保障。2022 年 1 月，中共中央办公厅印发了《事业单位领导人员管理规定》。《规定》指出，制定任期目标时，应当充分听取单位职工代表大会或者职工代表的意见，

企事业单位职工依法行使民主权利。企事业单位建立以职工代表大会为基本形式的民主管理制度，职工在企事业单位重大决策和涉及职工切身利益等重大事项上发挥积极作用；企事业单位推行职工董事、职工监事制度，全面实行厂务公开制度，探索领导接待日、劳资恳谈会、领导信箱等形式，反映职工诉求，协调劳动关系和保障职工合法权益，对单位生产和管理提出意见建议，为单位发展献计献策。企业工会委员会是职工代表大会的工作机构，现阶段，中国共有 280.9 万个基层工会组织，覆盖 655.1 万个企事业单位。

——2021 年 12 月国务院新闻办公室《中国的民主》

注意体现服务对象的意见。教育部《学校教职工代表大会规定》第三条规定，学校教职工代表大会是教职工依法参与学校民主管理和监督的基本形式。学校应当建立和完善教职工代表大会制度。此外，全国总工会还联合原国家科委、原卫生部制定出台了有关文件，建立健全事业单位职工代表大会（或职工大会）制度和其他民主管理制度，保障职工参与本单位重大问题的决策，行使民主监督和维护职工合法权益方面的权利。

进入新时代，企事业单位民主管理覆盖面逐渐向经济开发区、工业园区、高新技术园区、产业集群和社会组织等领域拓展，公开内容

也从最初侧重关注职工切身利益向企事业决策的重大问题、党风廉政建设和反腐败斗争的重点领域、企事业转型升级等方面延伸。与此同时，各地非公企业探索实行了民主管理委员会、民主议事会、劳资恳谈会、民主协商会、总经理接待日等多种民主形式，企业民主管理的实践更加丰富。

一家民营企业的民主管理启示录

传化集团被称为"中国民营企业的传奇"。从 1986 年只有父子二人的家庭作坊到如今，传化已经发展成为拥有 1.3 万多名员工，横跨一、二、三产业的现代民营企业集团。

无论是过去还是现在，传化都"把人作为企业发展的第一要素"，并应和新经济、互联网快速发展及企业转型升级的时代脉络，创新性开展企业民主管理工作，充分相信员工、依靠员工，让传化不断迸发出新的活力。

创新职代会形式

随着业务不断扩展，传化智联现有员工 4500 名，分布在全国 27 个省（区、市）。为了确保每一名职工代表都能行使其民主权利，对无论是企业经营工作情况，还是考勤管理、劳动合同、员工关系、薪酬福利管理等与员工切身利益相关的制度，都能做到即时了解、同步审议，传化智联开启了"互联网 +"职代会。

这种线上、线下相结合的"互联网 +"职代会，正是传化智联工会适应企业发展和员工需求，创新企业民主管理工作的生动体现。

在传化，以职工代表大会为基本形式的企业民主管理工作可谓历史悠久。从家庭作坊起步的传化，正是凭借着"让员工做企业主人"这一朴素意识，自觉走上企业民主管理之路。早在 1995 年，传化就开启了中国民营企业建立职工代表大会制度的先河，同时还成立了由集团党委书记任组长、工会主席任副组长的厂务公开领导小组。

多年来，伴随集团业务不断扩大，目前传化已形成集团、产业、企业三级职代会，并出台《厂务公开实施办法》《民主评议监督干部实施条例》《员工权益维护监督检查委员会工作条例》等 10 余项民主管理制度。

搭建平台直接听取职工声音

为了更好地听到员工声音，传化建立了一整套民主管理渠道。一访三问、民主听证会、总经理接待日、员工座谈会、工会意见箱……每一项制度都致力于确保员工的想法、需求、意见和建议，能够及时传递给企业管理层。

"现在，传化各分公司总经理的微信号都是公开的，员工有什么意见，可以直接跟总经理反映。"互联网时代下，传化工会通过微信群、公众号等线上载体为员工搭建沟通平台，实现了员工与企业管理层的无障碍交流。

员工发现安全隐患，可随时拍照后上传到相关微信平台，每个人都是"安全员"；发现违纪现象，也可发微信直接向公司相关人员举报，每个人都是"纪检员"；95 后新入职员工的母亲关心孩子的工作状态，车间主管直接进行一段"网上直播"……伴随传化业务向全国乃至全球扩展，传化管理层认识到，只有了解并把握员工的想法，充分赋予员工话语权、参与权、决策权，才能推动员工更好地参与到管理、变革、创新中来，更加促进企业的发展。

让员工参与企业民主管理

将分配激励权交与员工——将员工分配激励政策的设计等全权交与员工，并提交职代会审议后通过执行，日常分配由员工根据工作业绩，自行进行分配激励，不仅激发了员工工作中的积极性主动性，同时也提升了业务能力。

将现场精益管理交与员工——激发员工结合管理需求和生产工艺，自主发现问题、解决问题。2016年，仅化工产业员工便自主发现问题点25791件、提案14976件，预计产生经济效益339万元。

将班组建设交与员工——化工生产车间安全重于泰山的"泰山文化"、质检部一次次取样就如蜜蜂采蜜般的"蜜蜂文化"等，都来自员工的"脑洞大开"。

将文化建设交与员工——无论是文化活动的策划、办公和生产场所氛围营造、职工书屋设计与管理、活动空间管理，还是员工工作时间的确定，全部推行员工自主管理。如在快速发展的物流产业，试行在规定的目标任务下，员工可自主决定上下班时间，公司不作考勤管理。

……

员工在事业发展、商业模式、产品创新、管理改善等方面的参与热情高涨。据统计，仅2016年，传化集团工会就受理员工建议24137条，采纳21667条，采纳率为89.8%；实施建议18882条，实施率为87%；预计实现经济效益近900万元。

这一切，正体现了传化的经营之道："员工智慧是企业最宝贵的财富。"（《工人日报》2017年8月11日，摘编时略有删减改动）

二、职工代表大会

职工代表大会是企事业单位实行民主管理的基本形式，是职工行使民主管理权利的机构。企事业单位工会委员会是职工代表大会的工作机构，负责职工代表大会的日常工作。

（一）职工代表大会的设立

根据有关规定，企事业单位可以根据职工人数确定召开职工代表大会或者职工大会。企业召开职工代表大会的，职工代表人数按照不少于全体职工人数的百分之五确定，最少不少于三十人。职工代表人数超过一百人的，超出的代表人数可以由企业与工会协商确定。职工代表大会的代表由工人、技术人员、管理人员、企业领导人员和其他方面的职工组成。其中，企业中层以上管理人员和领导人员一般不得超过职工代表总人数的百分之二十。有女职工和劳务派遣职工的企业，职工代表中应当有适当比例的女职工和劳务派遣职工代表。

县级以下一定区域内或者性质相近的行业内的若干尚不具备单独建立职工代表大会制度条件的中小企业，可以通过选举代表联合建立区域（行业）职工代表大会制度，开展企业民主管理活动。工会负责组织建立区域（行业）职工代表大会制度。区域（行业）工会作为区域（行业）职工代表大会的工作机构承担日常工作。

集团企业的总部机关和各分公司、分厂、车间以及其他分支机构可以按照一定比例选举产生职工代表，召开集团企业职工代表大会，实行企业民主管理。集团企业的总部机关和各分公司、分厂、车间以及其他分支机构，按照本规定建立职工代表大会制度，在各自的职权范围内分别开展民主管理活动。

职工代表大会每届任期为三年至五年。具体任期由职工代表大会根据本单位的实际情况确定。职工代表大会因故需要提前或者延期换届的，应当由职工代表大会或者其授权的机构决定。职工代表大会根据需要，可以设立若干专门委员会（小组），负责办理职工代表大会交办的事项。专门委员会（小组）成员人选必须经职工代表大会审议通过。职工代表按照基层选举单位组成代表团（组），并推选团（组）长。可以设立职工代表大会团（组）长和专门委员会（小组）负责人联席会议，根据职工代表大会授权，在职工代表大会闭会期间负责处理临时需要解决的重要问题，并提请下一次职工代表大会确认。联席会议由企事业单位工会负责召集，联席会议可以根据会议内容邀请企事业单位领导人员或其他有关人员参加。

（二）职工代表大会之职权

职工代表大会行使下列职权：

1. 听取企事业单位主要负责人关于单位发展规划、年度生产经营管理情况，企事业单位改革和制定重要规章制度情况，企事业单位用工、劳动合同和集体合同签订履行情况，企事业单位安全生产情况，企事业单位缴纳社会保险费和住房公积金情况等报告，提出意见和建议；审议企事业单位制定、修改或者决定的有关劳动报酬、工作时间、休息休假、劳动安全卫生、保险福利、职工培训、劳动纪律以及劳动定额管理等直接涉及劳动者切身利益的规章制度或者重大事项方案，提出意见和建议。

2. 审议通过集体合同草案，按照国家有关规定提取的职工福利基金使用方案、住房公积金和社会保险费缴纳比例和时间的调整方案，劳动模范的推荐人选等重大事项。

3. 选举或者罢免职工董事、职工监事，选举依法进入破产程序企业的债权人会议和债权人委员会中的职工代表，根据授权推荐或者选举企事业单位经营管理人员。

4. 审查监督企事业单位执行劳动法律法规和劳动规章制度情况，民主评议企事业单位领导人员，并提出奖惩建议。

5. 法律法规规定的其他职权。

国有企业和国有控股企业职工代表大会除行使以上职权外，还行使下列职权：

1. 听取和审议企业经营管理主要负责人关于企业投资和重大技术改造、财务预决算、企业业务招待费使用等情况的报告，专业技术职称的评聘、企业公积金的使用、企业的改制等方案，并提出意见和建议。

2. 审议通过企业合并、分立、改制、解散、破产实施方案中职工的裁减、分流和安置方案。

3. 依照法律、行政法规、行政规章规定的其他职权。

（三）职工代表大会工作制度

职工代表大会每年至少召开一次。职工代表大会全体会议必须有三分之二以上的职工代表出席。职工代表大会议题和议案应当由企事业单位工会听取职工意见后与企事业单位协商确定，并在会议召开七日前以书面形式送达职工代表。职工代表大会可以设主席团主持会议。主席团成员由企事业单位工会与职工代表大会各团（组）协商提出候选人名单，经职工代表大会预备会议表决通过。其中，工人、技术人员、管理人员不少于百分之五十。

职工代表大会选举和表决相关事项，必须按照少数服从多数的原则，经全体职工代表的过半数通过。对重要事项的表决，应当采用无记名投票的方式分项表决。职工代表大会在其职权范围内依法审议通过的决议和事项具有约束力，非经职工代表大会同意不得变更或撤销。企事业单位应当提请职工代表大会审议、通过、决定的事项，未按照法定程序审议、通过或者决定的无效。

企事业单位工会委员会是职工代表大会的工作机构，负责职工代表大会的日常工作，履行下列职责：

1. 提出职工代表大会代表选举方案，组织职工选举职工代表和代表团（组）长。

2. 征集职工代表提案，提出职工代表大会议题的建议。

3. 负责职工代表大会会议的筹备和组织工作，提出职工代表大会的议程建议。

4. 提出职工代表大会主席团组成方案和组成人员建议名单；提出专门委员会（小组）的设立方案和组成人员建议名单。

5. 向职工代表大会报告职工代表大会决议的执行情况和职工代表大会提案的办理情况、厂务公开的实行情况等。

6. 在职工代表大会闭会期间，负责组织专门委员会（小组）和职工代表就企业职工代表大会决议的执行情况和职工代表大会提案的办理情况、厂务公开的实行情况等，开展巡视、检查、质询等监督活动。

7. 受理职工代表的申诉和建议，维护职工代表的合法权益。

8. 向职工进行民主管理的宣传教育，组织职工代表开展学习和培训，提高职工代表素质。

9. 建立和管理职工代表大会工作档案。

（四）职工代表的产生和权利义务

与企事业单位签订劳动合同建立劳动关系以及与企事业单位存在事实劳动关系的职工，有选举和被选举为职工代表大会代表的权利。依法终止或者解除劳动关系的职工代表，其代表资格自行终止。职工代表应当以班组、工段、车间、科室等为基本选举单位由职工直接选举产生。规模较大、管理层次较多的企事业单位的职工代表，可以由下一级职工代表大会代表选举产生。

选举、罢免职工代表，应当召开选举单位全体职工会议，会议应有三分之二以上职工参加。选举、罢免职工代表的决定，应经全体职工的过半数通过方为有效。职工代表实行常任制，职工代表任期与职工代表大会届期一致，可以连选连任。职工代表出现缺额时，原选举单位应按规定的条件和程序及时补选。职工代表向选举单位的职工负责并报告工作，接受选举单位职工的监督。

职工代表享有下列权利：（1）选举权、被选举权和表决权；（2）参加职工代表大会及其工作机构组织的民主管理活动；（3）对企事业单位领导人员进行评议和质询；（4）在职工代表大会闭会期间对企事业单位执行职工代表大会决议情况进行监督、检查。

职工代表应当履行下列义务：（1）遵守法律法规、企业规章制度，提高自身素质，积极参与企事业单位民主管理；（2）依法履行职工代表职责，听取职工对企事业单位生产经营管理等方面的意见和建议，以及涉及职工切身利益问题的意见和要求，并客观真实地向企事业单位反映；（3）参加企事业单位职工代表大会组织的各项活动，执行职工代表大会通过的决议，完成职工代表大会交办的工作；（4）

向选举单位的职工报告参加职工代表大会活动和履行职责情况，接受职工的评议和监督；（5）保守企事业单位的商业秘密和与知识产权相关的保密事项。

职工代表履行职责受法律保护，任何组织和个人不得阻挠和打击报复。职工代表在法定工作时间内依法参加职工代表大会及其组织的各项活动，企业应当正常支付劳动报酬，不得降低其工资和其他福利待遇。

延伸阅读

职代会"云上线"　民主管理"不掉线"

2020年4月中旬，浙能集团工会第二届第五次会员代表大会暨2020年工会工作会议以视频会议形式召开。会议听取了集团工会2020年工作报告、工会经费收支预算决算情况报告和工会经费审查委员会工作报告；嘉电公司、镇电公司和长广集团工会分别围绕省重点工程立功竞赛和困难职工帮扶等进行了经验交流。

面对新冠肺炎疫情，在企业民主管理制度框架下，浙江探索开展网上职代会。据不完全统计，截至4月中旬，浙江各市各产业已召开5000多场。

"云上"职代会"接地气"

浙江海正集团的职工代表近日收到公司工会的一份"说明"：公司推荐李从撑为全国劳动模范候选人，需要召开职代会通过。疫情期间，公司的5000多名职工分散各地，人员流动不便，将通过网络召开职代会。

征得职工代表同意后，公司工会组建职工代表微信群。集团第十届五次职工大会如期在网上召开，各项议题一个不缺，代表们认真审核了李从撑推荐上报全国劳动模范人选情况与简要事迹。出席会议的应到代表212人，实到代表199人，同意代表199人。推荐通过。

"云上"召开职代会，会议同样"接地气"，吸引了众多企业职工"云听会"，不仅突破了以往只有职工代表参会的人数限制，还实现了对职代会规范、高效、有序的"云监督"。

在浙江，利用钉钉、移动彩云、办公OA等网上工作平台和会议系统，就事关企业生产经营、直接涉及职工切身利益等重大事项，采取召开网上职工代表大会或职工大会的方法和形式，依法履行职权和程序，保障职工民主管理权利。

各职代会主会场除少数公司班子成员参会外，其余职工代表均连线参会，实现了"会议直播开、提案网上建、报告线上议、讨论群内提、表决分组投"，做到了职代会"标准不降、程序不减、内容不删、环节不少"，保证了公司职工代表积极建言献策，传递职工心声，参与企业民主管理权利。

"上云端"献计策谋发展

巨化集团公司工会坚持以"云上职代会"基本形式，规范职工代表提案、职工监事、民主恳谈会；衢州元立集团职工代表在"线上"集中学习讨论年度工作报告、财务工作报告、2020年集体合同，"上云端"为公司发展建言献策；衢州红五环集团公司工会与各分公司工会为职工代表写好提案当好"服务员"，把加强督促检查作为服务内容，并贯穿于代表提案办理、办结、回复的全过程……

"今年以来，全市企业共收到职工代表提交提案171份，集中在改革新举措、管理新方法、经营新思路、激活新机制等内容，涵盖战略发展、改革创新、生产技术等7大类别。"这是记者从衢州市总工会获得的信息。

2020 年以来，浙江各级工会动员职工代表在网上提交提案，开展"公开解难题、民主促发展"主题活动，通过"我为企业发展献一计""职工技能大课堂"等活动搭建平台，广纳群言、广集民智，引导职工为企业转型升级献计献策，提升企业民主管理质量。

集体协商踏"云"而来

工资能否按时发放？工作环境是否安全？职业技能如何提升？疫情影响下，劳动关系的安全稳定和工资收入成为职工最关心、最直接、最现实的焦点问题。

针对职工的"担忧"和企业的"发展"，日前，绍兴市工贸房地产经营管理公司 2020 年度工资集体协商踏"云"而来。这是绍兴市首场特殊时期工资集体"云"协商。职工方由企业工会主席傅媛援作为首席代表，企业方由企业法定代表人张晓鸣作为首席代表，双方就特殊时期职工最为关心的工资能否按时发放、工作环境是否安全、职业技能如何提升等"关键问题"进行平等协商。一问一答，直面问题，直击要点。

这场"云协商"最后带来了哪些"新福利"？

最低工资标准再提升，在科学合理的劳动定额基础上，其支付劳动者的工资不低于 2000 元 / 月；工资构成更明晰，月度工资包括基本工资、岗位工资和绩效工资；特殊形势下劳动保障再强化，疫情期间在工作允许的情况下，统一采用线上办公的形式；每天安排一名工会会员作为值班人员，做好早中晚职工的测温登记，并做好外来人员测温表格的登记……随着劳动关系双方签下工资集体协议，职工吃下了"定心丸"，企业注入了"强心剂"。

随后，绍兴市县两级工资集体协商指导员通过多种网络方式，对企业"云协商"的工作程序、非常时期的协商要点、集体合同的规范草拟等，进行了详细指导。

杭州市总工会开发、利用网上工作平台和会议系统，就职工工资、工作时间、社保交纳、住房公积金比例等涉及职工切身利益的事项，开展线上"云"协商，依法保障职工合法权益。对企业民主管理工作创新做法、先进经验，及时进行总结编撰材料，利于杭州市工会"基层工会组建、基层工会改革"工作做法"云"展示平台进行交流，供基层工会学习借鉴。（《工人日报》2020 年 4 月 27 日）

三、厂务公开

厂务公开就是把企事业单位重大决策，生产经营管理的重要问题，涉及职工切身利益的问题以及与企事业单位领导班子建设和党风廉政建设密切相关的问题，根据有关法规和制度，通过职工代表大会、厂务公开栏等多种形式，向企事业单位广大职工公开，使职工及时了解厂情，更好地参与企业决策、管理和监督。

实行厂务公开是进一步落实党的全心全意依靠工人阶级指导方针的有效途径，是加强企事业单位管理，建立现代企事业单位制度，依靠职工办好企事业单位的内在要求，是搞好群众监督，促进党风廉政建设，加强企事业单位党组织建设、领导班子建设的有力手段。实行厂务公开，对于推进基层民主政治建设，保障和落实职工当家作主的民主权利；维护职工合法权益，建立企事业单位稳定协调的劳动关系；密切党与企事业单位职工群众的关系，巩固党的阶级基础和执政地位；保护、调动和发挥广大职工的主人翁积极性，增强其责任感，促进企事业单位的改革、发展和稳定，具有重要的意义和作用。

根据有关规定，企事业单位应当建立和实行厂务公开制度，通过职工代表大会和其他形式，将企事业单位生产经营管理的重大事项、涉及职工切身利益的规章制度和经营管理人员廉洁从业相关情况，按照一定程序向职工公开，听取职工意见，接受职工监督。企事业单位主要负责人是实行厂务公开的责任人。企事业单位应当建立相应机构或者确定专人负责厂务公开工作。企业实行厂务公开应当遵循合法、及时、真实、有利于职工权益维护和企业发展的原则。实行厂务公开应当保守企事业单位秘密、商业秘密以及与知识产权相关的保密事项。

企事业单位应当向职工公开下列事项：（1）经营管理的基本情况；（2）招用职工及签订劳动合同的情况；（3）集体合同文本和劳动规章制度的内容；（4）奖励处罚职工、单方解除劳动合同的情况以及裁员的方案和结果，评选劳动模范和优秀职工的条件、名额和结果；（5）劳动安全卫生标准、安全事故发生情况及处理结果；（6）社会保险以及企事业单位年金的缴费情况；职工教育经费提取、使用和职工培训计划及执行的情况；劳动争议及处理结果情况；法律法规规定的其他事项。

国有企业、集体企业及其控股企业除公开以上相关事项外，还应当公开下列事项：（1）投资和生产经营管理重大决策方案等重大事项，企业中长期发展规划；（2）年度生产经营目标及完成情况，企业担保，大额资金使用、大额资产处置情况，工程建设项目的招投标，大宗物资采购供应，产品销售和盈亏情况，承包租赁合同履行情况，内部经济责任制落实情况，重要规章制度制定等重大事项；（3）职工提薪晋级、工资奖金收入分配情况；专业技术职称的评聘情况；（4）中层领导人员、重要岗位人员的选聘和任用情况,企业领导人员薪酬、职务消费和兼职情况,以及出国出境费用支出等廉洁自律规定执行情况,职工代表大会民主评议企业领导人员的结果;（5）依照国家有关规定应当公开的其他事项。

厂务公开的主要载体是职工代表大会。要按照有关规定,认真落实职代会的各项职权。要通过实行厂务公开,进一步完善职代会民主评议企事业单位领导人员制度,坚持集体合同草案提交职代会讨论通过,企事业单位业务招待费使用情况、企事业单位领导人员廉洁自律情况、集体合同履行情况等企事业单位重要事项向职代会报告制度,国有及国有控股的公司制企业由职代会选举职工董事、职工监事制度等,不断充实和丰富职代会的内容,提高职代会的质量和实效,落实好职工群众的知情权、审议权、通过权、决定权和评议监督权,建立符合现代企业制度要求的民主管理制度。

在职代会闭会期间,要发挥职工代表团（组）长联席会议的作用。车间、班组的内部事务也要实行公开。应依照厂务公开的规定,制定车间、班组内部事务公开的实施办法。厂务公开的日常形式还应包括厂务公开栏、厂情发布会、党政工联席会和企事业单位内部信息网络、广播、电视、厂报、墙报等,并可根据实际情况不断创新。同时,在公开后应注意通过意见箱、接待日、职工座谈会、举报电话等形式,了解职工的反映,不断改进工作。

在厂务公开工作中,坚决防止和克服形式主义,保证公开的真实性,务求工作实效。切实做到企事业单位重大决策必须通过厂务公开听取职工意见,并提交职代会审议,未经职代会审议的不应实施;涉及职工切身利益的重大事项,更应向职工公开,职代会按照法律法规规定具有决定权和否决权,既未公开又未经职代会通过的有关决定视为无效；在国有和国有控股企业，经职代会民主评议和民主测评，大多数职工不拥护的企业领导人员，其上级管理部门应采取相应的组织措施；企事业单位领导人员违反职代会决议和厂务公开的有关规定，导致矛盾激化，影响企事业单位和社会稳定的，要实行责任追究。

四、职工董事监事

职工董事、职工监事制度，是指在公司制企业中，由职工民主选举出的职工代表进入董事会、监事会、担任董事、监事，代表职工参与企业管理、决策和监督的制度。职工董事、监事是依照程序，由职工代表大会或职工大会民主选举产生的。

设置职工董事、职工监事主要是为了职工参与企业的决策和监督，保证企业决策机构和监督机构在工作过程中始终与职工群众保持密切联系，直接听取来自职工群众的意见和建议，从而增强企业决策和管理的科学化、民主化，并对企业高级管理人员的决策和管理过程实施监督。坚持职工董事、职工监事必须从本企业工会干部、一般管理干部和技术人员、一线工人中的职工代表中产生。

改革开放以来，我国工人阶级队伍不断壮大，素质全面提高，结构更加优化，面貌焕然一新，先进性不断增强。展望未来，坚持和发展中国特色社会主义，必须全心全意依靠工人阶级、巩固工人阶级的领导阶级地位，充分发挥工人阶级的主力军作用。

——2013 年 4 月 28 日习近平同全国劳动模范代表座谈时的讲话

职工董事、职工监事候选人的条件首先要符合《公司法》《公司章程》中有关董事、监事任职条件的规定以及必须是职工代表等硬性规定。除此之外，鉴于职工董事、职工监事的特殊身份，职工董事、职工监事必须突出以下三个条件：一是能够代表和反映职工群众的意见和要求，并在职工群众中有一定的影响力，能够起到沟通董事会、监事会与职工群众意见的作用；二是具有一定的经济管理知识，熟悉企业管理或有相关的工作经验，对本公司的生产经营管理的各个环节比较熟悉，有较强的参与决策和实施监督的能力，这样才能在参与企业的决策和监督过程中，参得上，议得准；三是必须公道正派，敢于为职工群众说话办事，敢于抵制各种违纪行为和不正之风。

根据有关规定，公司制企业应当依法建立职工董事和职工监事制度，支持职工代表大会选举产生的职工代表作为董事会、监事会成员参与公司决策、管理和监督，代表和维护职工合法权益，促进企业健康发展。公司依法在公司章程中明确规定职工董事、职工监事的具体比例和人数。职工董事、职工监事候选人由公司工会根据自荐、推荐情况，在充分听取职工意见的基础上提名，经职工代表大会全体代表的过半数通过方可当选，并报上一级工会组织备案。

工会主席、副主席应当作为职工董事、职工监事候选人人选。公司高级管理人员和监事不得兼任职工董事；公司高级管理人员和董事不得兼任职工监事。职工董事、职工监事的任期与公司其他董事、监事的任期相同，可以连选连任。职工董事、职工监事不履行职责或者有严重过错的，经三分之一以上的职工代表联名提议，职工代表大会全体代表的过半数通过可以罢免。职工董事、职工监事出现空缺时，由公司工会提出替补人选，提请职工代表大会民主选举产生。

职工董事依法行使下列权利：（1）参加董事会会议，行使董事的发言权和表决权；（2）就涉及职工切身利益的规章制度或者重大事项,提请召开董事会会议,反映职工的合理要求,维护职工合法权益；（3）列席与其职责相关的公司行政办公会议和有关生产经营工作的重要会议；（4）要求公司工会、公司有关部门和机构通报有关情况并提供相关资料；（5）法律法规和公司章程规定的其他权利。

职工监事依法行使下列权利：（1）参加监事会会议,行使监事的发言权和表决权；（2）就涉及职工切身利益的规章制度或者重大事项,提议召开监事会会议；（3）监督公司的财务情况和公司董事、高级管理人员执行公司职务的行为；监督检查公司对涉及职工切身利益的法律法规、公司规章制度贯彻执行情况；劳动合同和集体合同的履行情况；（4）列席董事会会议,并对董事会决议事项提出质询或者建议；列席与其职责相关的公司行政办公会议和有关生产经营工作的重要会议；（5）要求公司工会、公司有关部门和机构通报有关情况并提供相关资料；（6）法律法规和公司章程规定的其他权利。

职工董事、职工监事应当履行下列义务：（1）遵守法律法规,遵守公司章程及各项规章制度,保守公司秘密,认真履行职责；（2）定期听取职工的意见和建议,在董事会、监事会上真实、准确、全面地反映职工的意见和建议；（3）定期向职工代表大会述职和报告工作,执行职工代表大会的有关决议,在董事会、监事会会议上,对职工代表大会作出决议的事项,应当按照职工代表大会的相关决议发表意见,行使表决权；（4）法律法规和公司章程规定的其他义务。

公司保障职工董事、职工监事依照法律法规和公司章程开展工作,为职工董事、职工监事履行职责提供必要的工作条件。职工董事、职工监事在任职期间,除法定情形外,公司不得与其解除劳动合同。职工董事、职工监事与公司的其他董事、监事享有同等的权利，承担相应的义务。

延伸阅读

完善"六大机制" 确保职工董事制度、职工监事制度规范化运行

中国铁路工程总公司（简称中国中铁）是归属国务院国资委管理的多功能、特大型建设集团。2006年成为国资委首批国有独资企业董事会试点企业后，于2007年以整体重组、独家发起的方式在上海和香港实现境内外上市。10年来，中国中铁不断探索创新职工董事制度、职工监事制度，历经试点、建制、规范、完善等阶段，使职工董事制度、职工监事制度成为公司30万员工参与企业民主管理的重要途径和参与公司治理的最高平台，并逐步形成了职工董事制度、职工监事制度规范化运行的"六大机制"：

一是日常履职工作机制。除《公司章程》作出职工董事、职工监事履职相关规范外，公司出台《关于进一步推行职工董监事制度的意见》、《职工董监事履职管理办法》等系列文件，明确了职工董事、职工监事的具体工作内容和程序。职工董事、职工监事在参与董事会决策和监事会监督时必须体现职代会意图，维护职工群众利益，正确履行"双重代表"职责。特别是在参与劳动用工、薪酬制度、劳动保护、休息休假、生活福利等涉及职工切身利益的基本管理制度的制定和修改时，职工董事、职工监事必须提前听取职代会和工会意见，深入开展调查研究，代表职工群众充分行使表决权，关键时敢于发声、敢于维护。

　　二是履职信息沟通机制。公司建立健全了职工董事、职工监事出席党委会、总裁办公会、职代会、工作会等重要会议的制度，确保了职工董事、职工监事对公司重大事项的知情权。针对职工利益诉求方面的重要情况，职工董事与公司党委、外部董事、工会建立了不定期沟通交流机制，确保了相关事项在决策前能够得到充分的沟通酝酿。工会还建立了向职工董事、职工监事提供信息资料，组织职工董事、职工监事深入群众调研等制度，确保职工董事、职工监事实时掌握职代会和工会重点工作，及时了解职工诉求，为职工董事、职工监事科学决策和监督提供充分的政策和信息支撑。

　　三是民主评议和民主测评机制。公司建立了职工董事、职工监事由职代会选举产生、对职代会负责的制度。从 2013 年职代会开始，由工会组织，职工董事、职工监事每年按"德能勤绩廉"五要素进行大会述职述廉，由全体职工代表进行民主评议后，在大会上进行民主测评和无记名投票。职代会民主评议委员会根据民主测评结果，对职工董事、职工监事按照"优秀、称职、基本称职、不称职"四个等次给予考核评价，出具书面评价和奖惩意见，并将结果及时报公司党委、董事会、监事会。

　　四是专项教育培训机制。公司与清华大学、上海国家会计学院等高校建立了专项培训制度，每年利用知名高校的优质培训资源，针对职工董事、职工监事履职必需的公司治理、战略管理、财务管理、内控与风险管理、薪酬管理、职工权益维护等相关业务知识，定期为职工董事、职工监事的系统学习和素质提升提供帮助。

　　五是日常服务保障机制。工会作为职工董事、职工监事日常管理服务机构，随时为职工董事、职工监事履职提供软硬件的支持，既要保证及时向职工董事、职工监事提供职工权益维护方面的政策文件，也要在涉及职工切身利益的重要制度的制定、重大事项决议的执行过程中，及时向职工董事、职工监事提供职工群众的相关意见，还要为职工董事、职工监事开展调研，了解职工思想状况、反映职工合理诉求提供服务保障。

六是激励约束机制。中国中铁作为"中央企业职工董事考核评价及薪酬管理文件"课题起草单位，2012年率先出台《职工董监事考核评价暂行办法》，明确了职工董事、职工监事考核评价的原则、内容、程序、评价方式、结果运用和奖惩标准，形成了职工董事、职工监事管理闭环，充分调动了职工董事、职工监事的工作积极性，得到了国务院国资委的充分认可。

经过探索和实践，中国中铁在职工董事制度、职工监事制度规范化建设方面取得了成效：一是做到了源头参与，实现了职工群众在公司重大决策制定和实施过程中"早介入、有声音、能建言、可监督"，是职工有序参与公司治理的重要渠道；二是做到了顶层维护，在公司治理的最高层面，职工董事、职工监事成为切实维护职工权益的代言人和守望者；三是做到了依法履职，通过完善制度体系，确保了职工董事、职工监事履职合法合规；四是做到了有效维权，推动了一大批涉及企业改制改革和职工切身利益重要决策事项的落地。（《工人日报》2016年12月23日）

图书在版编目（CIP）数据

基层群众自治制度：保障人民当家作主的有效途径 / 本书编写组
编著 . -- 北京：五洲传播出版社，2023.4

ISBN 978-7-5085-5057-2

Ⅰ . ①基… Ⅱ . ①本… Ⅲ . ①基层组织—群众自治—研究—中国
Ⅳ . ① D638

中国国家版本馆 CIP 数据核字 (2023) 第 091779 号

"认识中国·中国基本制度"系列丛书

基层群众自治制度：保障人民当家作主的有效途径

编　　著：本书编写组
出 版 人：关　宏
责任编辑：王　峰
策　　划：常武显
出版发行：五洲传播出版社
地　　址：北京市海淀区北三环中路 31 号生产力大楼 B 座 6 层
邮　　编：100088
发行电话：010-82005927　010-82007837
网　　址：http://www.cicc.org.cn　http://www.thatsbooks.com
排版制作：北京嘉悦信包装有限公司
印　　刷：北京市房山腾龙印刷厂
版　　次：2023 年 8 月第 1 版第 1 次印刷
开　　本：787 mm × 1092 mm　1/16
印　　张：12.5
字　　数：140 千字
定　　价：58.00 元